Diana
Princesse brisée

Diana
Princesse brisée

Patrick Weber

Timée-Editions

« Des livres ouverts sur Internet »
www.timee-editions.com

ISBN : 978-2-915586-97-8
Dépôt légal : juillet 2007

Imprimé en Italie

A Joyce, ma mère et ma part d'Angleterre

Le mystère Diana

Peu de femmes ont autant marqué les imaginations que « Lady Di », la princesse de Galles qui ne fut jamais reine d'Angleterre. Elle a pourtant été affublée de tous les quolibets : sotte, dinde, simplette, folle, manipulatrice... Depuis sa disparition tragique, les années ont passé et la fascination demeure intacte. D'où provient cet attrait ? Quel personnage se cache derrière la mystérieuse Diana ? Pourquoi continue-t-elle à déchaîner les passions ?

Dès son vivant, la princesse est sortie de sa condition de simple être humain pour accéder au rang d'icône. Difficile dès lors de faire la part des choses entre la vérité et la légende. Diana est une princesse-Janus, une icône à deux visages. Tout son paradoxe repose sur les ambiguïtés d'un personnage qui réussissait, tour à tour, à entrer dans la peau d'un ange ou d'un démon, d'un agneau ou d'une tigresse, d'une femme amoureuse ou d'une mangeuse d'hommes. On a trop écrit, trop photographié et trop analysé ses moindres faits et gestes pour ne pas brouiller son image. Et quand on évoque Diana, il est impossible de ne pas parler d'image. La princesse l'a soignée comme une professionnelle en ne laissant aucun détail au hasard. Elle en a été la grande ordonnatrice et, en même temps, la première victime.

Diana a également joué un rôle de révélateur dans la monarchie britannique. Ses déboires sentimentaux et les guerres qu'elle a menées contre les membres de la famille royale ont été déballés sur la place publique. Des enregistrements téléphoniques graveleux de Charles et Camilla aux crises d'anorexie à répétition de Diana, en passant par ses tentatives de suicide, rien n'aura été épargné aux sujets de Sa Très Gracieuse Majesté qui ne demandait pas mieux que de se transformer en peuple voyeur.

La profondeur du fossé qui séparait la princesse de Galles de son ancienne belle-famille est véritablement apparue le jour de sa mort. Personne n'a oublié ces longues heures d'atermoiements du clan Windsor qui rechignait à rendre les honneurs nationaux à la disparue alors que le peuple noyait les grilles du palais sous les fleurs. Comment la dynastie pouvait-elle être à ce point étrangère à l'émotion de tout un peuple ? Et si c'était tout simplement parce que la famille royale connaissait la véritable Diana et pas seulement l'image que la princesse avait réussi à composer au fil du temps ?

Il ne nous appartient pas de juger. Constatons seulement que dans cette triste affaire, les torts sont largement partagés. Les Windsor n'ont pas fait de cadeau à la nouvelle venue. Quant à Diana, elle a mené une guerre sanglante qui a fini par lui être fatale.

Tout le paradoxe de l'affaire, c'est que la femme qui a failli abattre la couronne britannique aura finalement réussi à la renforcer. Le centenaire de la reine-mère, l'anniversaire de la reine Elizabeth, la popularité de ses fils, le remariage de Charles, le culte de la princesse tragiquement disparue... tout concourt à accroître la popularité d'une famille qu'elle a pourtant cordialement détestée.

Même si elle n'a jamais été reine, Diana a profondément marqué l'Histoire de la Couronne. Elle a révélé l'abîme qui sépare Buckingham palace de la vie des gens « normaux ». Elle a également pointé tout le danger d'une surexposition médiatique. *Last but not least*, la saga Diana a démontré que malgré les diamants et les somptueuses toilettes, couronne ne rime pas avec *show bizness*.

Les historiens n'ont pas fini de se pencher sur l'énigme Diana Spencer, la princesse faussement naïve qui rêvait de devenir la reine des cœurs.■

Sommaire

1 Les jeunes années d'une princesse

Diana Spencer a tout pour être heureuse : issue d'une grande famille de l'aristocratie anglaise, elle semble promise à un destin brillant. C'est compter sans le douloureux divorce de ses parents. Tandis que le prince Charles, héritier du trône, fait bon gré mal gré l'apprentissage de ses futures fonctions, la timide Diana, si elle se révèle une élève médiocre, montre déjà un goût certain pour le sport... et des qualités de compassion rares.

Les parents déchirés

L'enfance de Diana a beau se dérouler dans des châteaux, elle ne ressemble pas pour autant à un conte de fées. Parents absents, ménage déchiré, poids des conventions... la petite fille fait l'apprentissage de la vie compliquée des adultes.

Troisième fille du vicomte Althorp, huitième comte Spencer, et de la vicomtesse Frances Roche, fille du quatrième baron Fermoy, Diana naît le 1er juillet 1961. Un an et demi plus tôt, le couple avait souffert de la naissance d'un bébé mort quelques heures après l'accouchement. A la naissance de Diana, le ménage est toujours ébranlé par ce drame. Toute la famille reproche à la comtesse Spencer de ne savoir faire « que » des filles et en conséquence, on lui fait subir une batterie d'examens pour qu'elle arrive enfin à donner l'héritier tant espéré.

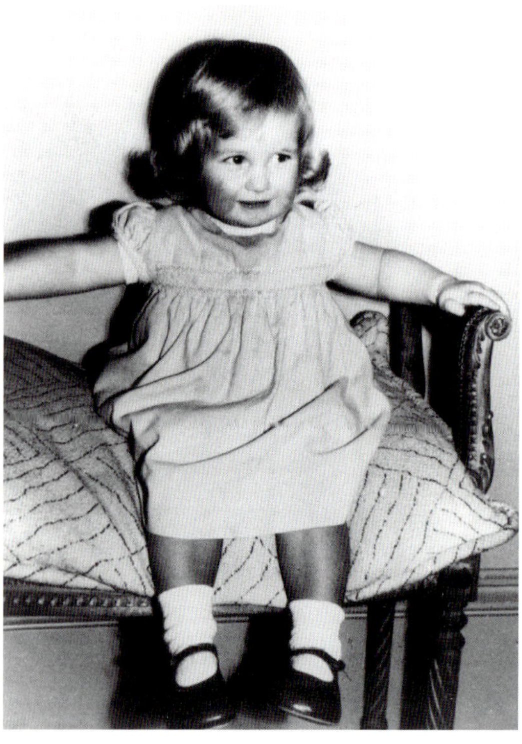

Lady Diana Frances Spencer en 1963.

Ce sera le cas trois ans après la naissance de Diana, avec l'arrivée du petit Charles. Le nom aura une postérité. Car chez les Spencer, on ne badine pas avec les titres et les héritages. Les seigneurs font partie de la plus haute aristocratie, au point d'occuper des charges aussi convoitées que celle d'écuyer du roi. Diana passe son enfance à Park House, une résidence moins sinistre qu'Althorp.

En 1967, un véritable coup de tonnerre résonne dans le ciel de la famille. Le couple Althorp décide de se séparer après quatorze ans de mariage. Diana ignore encore le tendre sentiment liant désormais sa mère à un riche homme d'affaires, Peter Shand Kydd. Quand la décision de la séparation est prise, une véritable bataille judiciaire s'engage avec, pour enjeu, la garde des enfants. Frances incarne le rôle de la mère indigne qui abandonne sa progéniture et son époux, la pauvre victime d'une situation dont il n'est pas responsable. La vérité est plus complexe mais pour les

28 mai 1955 : le vicomte Althorp et Frances Roche à l'époque de leurs fiançailles.

Enfant de l'aristocratie, Diana Spencer aurait pu vivre les jeunes années dorées de ceux de sa condition. Les relations conflictuelles de ses parents en feront une petite fille meurtrie.

enfants (Sarah, Jane, Diana et Charles), le résultat est tout aussi catastrophique.

Le divorce du couple Spencer est prononcé en 1969 et Frances se remarie un mois plus tard. La garde des enfants est confiée au comte Spencer. Diana donne le change et ceux qui la fréquentent ont le sentiment qu'elle vit bien la situation. Pourtant elle redoute les longues nuits qui la confrontent à ses fantômes. Son père est généralement absent et quand il est en présence de ses enfants, il apparaît le plus souvent maladroit. Ses nourrices se succèdent et certaines se distinguent par leur rudesse.

Dans ce milieu très conventionnel, Diana comprend vite qu'elle apparaît comme un mouton noir. Ses parents sont divorcés et une odeur de scandale l'accompagne désormais. Chaque week-end, les enfants prennent le train pour gagner Londres et passer deux jours avec leur mère. Cette dernière les culpabilise quand arrive le moment tellement redouté de la séparation. Pour la petite fille, l'enfance a souvent eu le goût du conflit, de la violence, du chantage et de l'absence.

Raine Spencer dans le rôle de la marâtre

Drôle de personnage que cette Raine Spencer ! Des robes hallucinantes, un maquillage qui n'a rien à leur envier, des idées bien arrêtées sur les petites comme sur les grandes questions de la vie. Alors, Raine... Victime ou bourreau ?

Raine est une femme qui ne passe jamais inaperçue. Robe à fleurs, mise en plis conquérante, rouge à lèvres scintillant... Il faut dire qu'elle a de qui tenir puisque Raine n'est autre que la fille de l'emblématique romancière à l'eau de rose, Barbara Cartland. En 1962, elle devient comtesse de Dartmouth et se distingue par son intransigeance politique. Raine enfile les clichés réactionnaires avec la même adresse que son joaillier lui compose de légendaires colliers de perles.

Diana aime se réfugier dans les livres de Barbara Cartland. Elle apprécie beaucoup moins la compagnie de sa fille, devenue sa propre belle-mère.

Dès la première rencontre, le courant ne passe pas entre les enfants du comte Spencer et la femme qui a su reconquérir son cœur. Charles envoie une lettre haineuse à la nouvelle venue tandis que Diana convainc une de ses camarades d'envoyer à l'intruse une lettre anonyme menaçante. Rien n'y fait, le comte Spencer est bien résolu à franchir le pas et un mariage discret est célébré en 1977. Aussi incroyable que cela puisse paraître, les enfants ne sont même pas informés du mariage !

Il ne faut pas attendre longtemps pour que Raine prenne le pouvoir à Althorp. Elle n'hésite pas à se séparer de souvenirs de famille pour revigorer les finances Spencer. Les sœurs aînées de Diana snobent leur belle-mère alors que Diana révèle un caractère plus accommodant. Elle tente notamment de se rapprocher des enfants de sa belle-mère. Mais d'une façon générale, les enfants Spencer raillent le snobisme de Raine et sa détestable habitude de cataloguer les gens en fonction de leur origine sociale. La nouvelle épouse du comte Spencer s'expliquera plus tard sur ces premières années durant lesquelles elle avouera, selon ses propres mots, « en avoir bavé ». Raine reconnaît que Diana est la seule à avoir fait un effort pour être plus gentille.

Mais cette apparente bonne volonté n'est peut-être qu'une illusion. Il semble que la jeune fille ait accumulé une lourde rancœur au fil des années. A l'occasion du mariage

Mrs Raine Legge
en 1957.

de son frère, elle constate que Raine refuse d'adresser la parole à sa mère alors qu'elles sont pourtant assises sur le même banc. Furieuse, Diana s'attaque à Raine en lui reprochant son comportement. Sa belle-mère se défend en invoquant la peine que Frances avait causée à son époux… Diana s'insurge et lui répond du tac au tac que Raine ne sait pas de quoi elle parle, qu'elle n'a aucune notion de la signification du mot « peine ». Tout le caractère de Diana est résumé dans cette anecdote. La jeune fille paraît souvent soumise et de bonne composition mais au plus profond de son cœur, elle n'oublie rien des blessures qu'elle a subies.

Charles, un prince de Galles taillé pour le costume de roi ?

L'héritier de la couronne n'est pas le fils qu'avait rêvé son père ni peut-être le futur roi imaginé par sa mère. Charles est un être atypique à la fois sensible et implacable, intelligent et maladroit.

Charles naît trois ans après la fin de la Deuxième Guerre mondiale. En 1952, son grand-père Georges VI, qui avait acquis une extraordinaire popularité pendant le conflit, s'éteint prématurément. Elizabeth II monte sur le trône et un petit garçon l'accompagne sur le balcon pour saluer la foule. Pour Charles, ce couronnement constitue un baptême du feu des réalités royales avec lesquelles il entretiendra toujours des relations ambiguës.

Le prince Charles et la princesse Anne dans les bras de leurs parents, le prince Philip et Elizabeth II, en 1951.

Dès 1955, la reine décide d'introduire un soupçon de modernité dans l'éducation du jeune homme en l'envoyant à l'école. Il s'agit de rompre quelque peu l'isolement traditionnel des princes par rapport à la « vraie vie » de son peuple. Toutefois, cette immersion reste très théorique. Le jeune homme poursuit ses études et devient le premier membre de la famille royale britannique à obtenir un diplôme universitaire.

En sa qualité d'aîné, Charles comprend rapidement qu'il ne répond pas aux attentes de ses parents. Son père surtout se révèle implacable dans son éducation. Si Elizabeth règne sur ses royaumes, Philip d'Edimbourg règne sans partage sur l'éducation de ses enfants et du futur roi. Le duc d'Edimbourg est un prince de l'ancienne école et ne supporte pas les hommes qui se laissent aller à écouter les échos de leurs questionnements intimes. C'est, selon lui, la marque d'un narcissisme inutile. Pour ne rien arranger, Charles cultive un tempérament artiste qui passe mal auprès de ses parents.

Le prince Charles et Sarah Spencer en 1977.

L'héritier du trône éprouve beaucoup de difficultés à trouver sa place en qualité d'éternel second.

Charles n'est pas ce qu'on appelle un playboy. Les caricaturistes se moquent de ses grandes oreilles et de sa maladresse en public. On le juge sans charisme et manquant d'intelligence. Ce portrait ne rend pas justice à un prince qui possède une authentique personnalité que viennent assombrir quelques zones d'ombre. Heureusement, il peut compter sur la présence rassurante de son parrain, Lord Mountbatten, dont il se sent très proche. Sa mort dans un attentat de l'IRA en 1979 constituera un des drames les plus terribles vécus par le prince.

Le jeune homme n'ignore pas que le premier acte dynastique déterminant qu'on lui demande est de trouver une épouse qui deviendra un jour la nouvelle reine d'Angleterre. Dans un premier temps, le prince préfère jouir de sa liberté. Il fréquente des actrices et noue une idylle avec Sarah, la sœur de Diana. Mais déjà, il pense à d'autres candidates et surtout à une femme qui ne quittera plus ses pensées.

Diana, portrait d'une jeune fille en fleur

Qui est Diana ? Alors qu'elle se prépare à entrer dans la vie de Charles, la personnalité de Diana paraît lisse comme un personnage de roman à l'eau de rose. Mais il faut se méfier des apparences...

Ce n'est un secret pour personne, Diana n'est pas particulièrement douée pour les études. Ses proches la considèrent comme une enfant timide qui vit mal le divorce de ses parents. Ses professeurs louent sa douceur envers les plus petits et son amour pour les animaux. Mais elle est loin d'être brillante en classe. Elle peine dans les exercices de lecture et s'emmêle les pinceaux dans la récitation de ses tables de multiplication. En revanche, elle n'hésite pas à chahuter en classe et à perturber les cours.

Si la jeune fille ne brille guère dans les matières classiques, elle se révèle rapidement être une très bonne sportive. Elle possède son poney shetland auquel elle voue une véritable adoration. Plus tard, elle fait une sérieuse chute et en retire une crainte pour l'équitation qui fera beaucoup jaser au sein de la famille royale. Elle découvre le ski qui devient une véritable passion. Elle pratique régulièrement la natation, mais c'est la danse qu'elle réussit vraiment à donner libre cours à son goût pour l'exercice physique et le domaine artistique. Au château de Althorp, elle possède une salle privée où elle peut répéter à l'aise et le plus souvent en solitaire.

Parmi les défauts de la jeune fille, la gourmandise n'est pas le moindre. Ce n'est que le début de ses désordres alimentaires qui iront en empirant au fil des années.

Diana en 1971.

Diana, 14 ans, et son poney Scuffle.

Si, côté études, Diana obtient des résultats médiocres, elle découvre à cette époque une autre facette de son caractère qui bouleversera son existence. Elle participe à des activités de volontariat et rend visite à des malades dans des hôpitaux. Diana comprend qu'elle peut apporter du réconfort aux plus faibles et elle en ressent une grande satisfaction.

Côté look, Diana n'a rien de la jeune femme glamoureuse qu'elle deviendra bientôt : plutôt bien en chair, les yeux souvent dissimulés sous une longue et très sage frange. Elle se sent à l'aise en jeans même si elle doit parfois porter des robes typiquement anglaises aux larges imprimés fleuris. Sur les photos, elle est généralement souriante même si elle fuit souvent l'objectif du regard. Encore timide, Diana est une jeune fille en fleur qui n'attend plus qu'un signe du destin pour s'épanouir…

Timide, gourmande et sportive, Diana n'a pas plus le profil d'une future reine que d'une première de classe. Aux livres, elle préfère la fréquentation des animaux et, déjà, de ceux qui sont dans le besoin.

2 Le mariage du siècle

C'est l'événement mondain de la fin du XXe siècle : devant des dizaines de millions de téléspectateurs, la jeune et fraîche Diana Spencer épouse l'héritier de la couronne d'Angleterre, le prince Charles. Tous ignorent que derrière l'apparente féerie de la célébration qui donne à la Grande-Bretagne une future reine, se noue déjà la tragédie d'une union vouée à l'échec.

Comment trouver une femme pour Charles ?

Jadis, les princes épousaient des princesses et vivaient dans de grands châteaux avec leur abondante progéniture qu'ils confiaient à des gouvernantes. Mais en 1981, le mariage d'un prince héritier est devenu un exercice de haute voltige dynastico-sentimentale.

Contrairement à d'autres maisons royales, l'Angleterre n'a jamais rechigné à dénicher ses futures reines parmi les membres de l'aristocratie nationale. Il reste cependant à trouver la perle rare qui saura conjuguer toutes les qualités nécessaires pour devenir une parfaite épouse royale. Parmi les critères imposés, on trouve un physique avenant, un pedigree au-dessus de tout soupçon, un passé sentimental irréprochable, une éducation sans faille et surtout, l'assurance que la candidate saura s'accoutumer aux exigences de la vie de palais.

En 1979, Diana est invitée à un week-end de chasse à Sandringham. C'est la seconde fois qu'elle rencontre le prince, mais à l'époque, c'est Amanda Knatchbull, la petite-fille de Lord Mountbatten, qui est donnée pour gagnante dans l'OPA sur le cœur de Charles. Une fois de plus, la *love story* capote. On dit que la jeune fille s'est lassée du comportement très macho du prince. Il faut reconnaître que Charles manque de tact. Il ne manifeste guère d'empressement pour témoigner sa flamme et, cerise sur le gâteau, la présence d'une autre femme, une certaine Camilla, rend compliqué tout projet d'union ou de relation sérieuse. A trente-deux ans, il est pourtant grand temps d'arrêter son choix.

Le destin de Diana se noue en juillet 1980, quand elle rencontre à nouveau le prince dans la propriété d'un de ses fidèles amis, Robert de Pass. Diana évoque les funérailles de Lord Mountbatten et sait trouver les mots qui touchent le prince. A cette époque, la jeune femme est trop naïve pour comprendre qu'il s'agit non seulement de plaire à Charles, mais aussi à sa mère, à son père, à sa grand-mère et même à la mystérieuse Camilla qui a son mot à dire dans cet hymen royal. Petit à petit, l'hypothèse Diana Spencer devient crédible. Les rumeurs se propagent et les premiers photographes la prennent en chasse. La vie de la jeune femme bascule. Elle ne s'appartient plus et devient un personnage public.

Le 6 février 1981, le prince a pris sa décision. Il convie Diana au château de Windsor et lui fait sa demande officielle en mariage. Sous l'effet de la nervosité, Diana éclate de rire et Charles en reste un instant désarçonné. En vérité, la jeune femme est surtout très émue. En quelques heures, la nouvelle est annoncée aux souverains, aux amies de Diana et à ses parents. Le compte à rebours du mariage du siècle est lancé.

A trente-deux ans, le prince Charles se doit de trouver une future reine pour la Grande-Bretagne. Et pour lui, hors de question de mélanger amour et raison d'Etat...

Le prince Charles et Diana Spencer en 1981, peu avant leur mariage.

Une robe de conte de fées pour une princesse romantique

En monarchie, le choix de la robe de la princesse prend des allures de véritable affaire d'Etat... Jusqu'à la dernière minute, le secret de la tenue de Diana a bien été gardé. Depuis, sa robe est entrée dans l'Histoire.

En ce matin du 29 juillet 1981, la plus grande effervescence règne dans les appartements de Diana Spencer. Son coiffeur, Kevin Shanley, est déjà à l'ouvrage pour faire de la jeune femme un peu timide la plus royale des princesses. Elle passera ensuite entre les mains expertes de sa maquilleuse Barbara Daly.

Néanmoins, c'est la robe qui occupe tous les esprits. Les journaux présentent cette union comme le mariage du siècle et il s'agit de marquer les imaginations pour au moins autant d'années ! C'est dire l'ampleur du challenge. La robe de soie ivoire rehaussée de dix mille perles et sequins est signée David et Elizabeth Emanuel. Pour certains, le modèle ne brille certes pas par sa modernité, mais il échappe aux pièges de la mode et renvoie l'image d'un mariage romantique d'une jeune femme en fleur avec son prince charmant. Pour d'autres, il s'agit du triomphe du style « soufflé meringué », dépourvu de toute finesse. Peu importe, la Cour a tranché, Diana sera une mariée de conte de fées.

Toutefois, même dans les mécaniques les mieux huilées, il y a toujours un détail qui vient gripper la machine. La traîne, qui se déroule sur sept mètres cinquante, se révèle trop encombrante pour rentrer dans le carrosse ! Diana a beau essayer de plier délicatement la masse de soie, elle ne peut éviter de la froisser. De nombreuses critiques s'élèvent pour condamner cet inexcusable manque de prévoyance. Une mariée fripée, n'est-ce pas *shocking* ? Les stylistes se défendent en arguant que le père de Diana est doté d'une forte constitution et qu'il s'est littéralement agrippé au bras de sa fille pour ne pas tomber dans la nef. Cette position a eu pour effet de froisser la fragile étoffe. Au diable les polémiques ! La voilette de tulle, le diadème de diamants, la soie couleur ivoire, la dentelle délicate sous laquelle on devine son émotion... la jeune fille ressemble à un joli canard transfiguré en cygne princier.

L'image est somptueuse, définitivement royale et déjà légendaire. Par le biais de toutes les télévisions présentes, elle est diffusée dans le monde entier. De Toronto à Bombay en passant par l'East End et Bristol, les téléspectateurs commentent l'élégance de la jeune mariée. Diana resplendit et la robe a fait d'elle une authentique princesse.

Pour faire de l'événement un moment historique, Diana Spencer doit revêtir la robe qui fera d'elle une princesse.

L'ombre de Camilla

A l'époque du mariage royal, personne ne connaît encore la silhouette d'une femme qui deviendra bientôt célèbre. En 1981, l'énigmatique « Mrs C » n'est pas encore devenue la sulfureuse Camilla, *alias* Gladys...

D'après ses proches, Charles n'est pas un homme fait pour le mariage. Il vient de passer la trentaine, mais il a déjà des habitudes de vieux garçon. Les plus belles femmes sont toujours heureuses de se pendre à son bras. C'est d'autant plus vrai qu'une mystérieuse créature est entrée depuis longtemps dans sa vie. Officiellement, il ne s'agit que d'une amie, mais ceux qui connaissent bien le prince ne sont pas dupes. Charles règle de plus en plus son existence en fonction des avis et des conseils de la mystérieuse Mrs C. Elle a son franc-parler et qualifie volontiers Diana de « dinde », de « grande » ou de « simplette ». Charles sourit, il ne la contredit pas.

En sa qualité d'amie, Camilla prodigue des conseils avisés à la jeune novice Diana. Cette dernière les accepte volontiers, d'autant que personne ne l'aide vraiment dans son apprentissage de future princesse. Mais rapidement, la jeune femme commence à douter. Non seulement Camilla lui paraît très présente mais en plus, elle n'ignore rien des conversations intimes que la future mariée tient avec son prince. Diana s'étonne que son fiancé ne lui accorde pas davantage de temps en tête-à-tête. Qu'il s'agisse d'un match de polo, d'un dîner ou d'une partie de chasse, Camilla est toujours présente. Impossible d'y couper !

> *Quand Diana comprend la nature des relations qu'entretiennent son fiancé et Camilla, elle s'imagine encore que son mariage mettra fin à l'idylle.*

Petit à petit, les craintes se précisent. Un jour, elle surprend le prince en train d'envoyer un bouquet de fleurs à Camilla qui est souffrante. Charles l'adresse à « Gladys ». Un autre jour, Diana ouvre un paquet qui est arrivé à la résidence du prince. Il s'agit d'un bracelet en or marqué aux initiales « F » et « G » pour Fred et Gladys, les pseudos qu'utilisent Charles et Camilla pour communiquer discrètement. Diana est effondrée. Elle a beau n'être qu'une jeune femme inexpérimentée en matière amoureuse, elle n'est pas pour autant idiote. Comment Charles, qui paraît amoureux lorsqu'il est avec Diana, peut-il poursuivre sa relation avec une autre femme ? La future princesse de Galles est encore loin de se douter que Camilla

Diana en 1980, « chaperonnée » et conseillée par Camilla.

est la véritable femme de la vie de Charles et qu'elle pousse la conscience amoureuse jusqu'à le conseiller dans la gestion de sa « love affair » avec Diana.

Lors de la cérémonie de mariage dans la cathédrale Saint-Paul, quand elle rentre dans la cathédrale, Diana ne manque pas de constater que l'inévitable Camilla figure en bonne place parmi les invités. Néanmoins, ce jour-là, la nouvelle princesse de Galles veut encore croire en sa bonne étoile. Naïvement, elle s'imagine que Gladys appartient définitivement au passé de Fred. Elle est loin d'imaginer que leur histoire ne fait que commencer.

Le mariage du siècle

La reine Elizabeth est attachée aux symboles. Elle connaît leur force dans l'exercice très codifié du pouvoir royal. La souveraine est bien résolue à faire du mariage de l'héritier de la couronne une cérémonie inoubliable.

Diana décrira plus tard ce fameux jour du 29 juillet 1981 comme la journée la plus confuse de sa vie sur le plan émotif. La nervosité face à l'échéance ajoutée aux doutes des mois qui ont précédé l'ont plongée dans un état de fébrilité extrême. Charles tente de lui donner un peu de courage en lui envoyant un mot réconfortant. Diana fait mine d'hésiter, mais elle sait qu'il est trop tard pour renoncer. Et tant pis si elle a le sentiment de ressembler à un agneau que l'on mène au sacrifice.

Dans les rues de Londres, la foule s'est massée depuis plusieurs jours pour avoir l'assurance de ne pas manquer la moindre miette de ces heures historiques. Diana s'inquiète également pour son père, qui est très diminué physiquement depuis l'attaque dont il a été la victime. Aura-t-il la force de remonter la nef de la cathédrale à son bras ? Le comte Spencer semble en tout cas apprécier le trajet en carrosse au cours duquel il salue la foule avec enthousiasme. Arrive le moment solennel. Diana sort du carrosse et les spectateurs massés devant Saint-Paul découvrent sa robe ainsi que son diadème. Malgré une légère pâleur, Diana rayonne de beauté. Son père l'attend et prend son bras. Compte tenu de l'état physique du comte Spencer, le trajet qui sépare l'entrée de la cathédrale jusqu'au chœur paraît interminable.

Le comte Spencer mène sa fille Diana à l'autel.

Le prince et la princesse de Galles à la sortie de la cathédrale Saint-Paul.

En présence de 2 500 invités réunis à la cathédrale Saint-Paul de Londres, l'héritier du trône de Grande-Bretagne, le prince Charles, trente-deux ans, épouse Lady Diana Spencer, dix-neuf ans.

Au loin se détache la silhouette de l'homme auquel Diana a choisi de lier son destin. A ce moment précis, elle veut croire que le bonheur est à portée de main. Certains mettent en cause la différence d'âge entre les futurs mariés. Charles s'en tire par une pirouette en affirmant que « si Diana cherche à le faire rester jeune, il se fatiguera très vite ». Diana rétorque en affirmant que c'est le sens de l'humour qui les réunit. *So lovely*, non ?

On raconte que sept cent cinquante millions de téléspectateurs à travers plus de soixante-dix pays ont suivi la cérémonie. Diana exécute une révérence parfaite devant la reine qui sera bientôt sa belle-mère. L'archevêque de Canterbury célèbre la cérémonie solennelle qui donne une épouse au prince de Galles et une reine à l'Angleterre. Entre les mariés, une authentique complicité semble régner et l'échange des consentements est placé sous le signe de l'amour éternel.

Quand le couple sort de la cathédrale, les vivats de la foule vont droit au cœur de Diana. Ce jour-là, la princesse de Galles est consciente de ne pas avoir seulement épousé un homme, mais aussi tout un pays. Elle appartient au peuple, certes pour le meilleur… mais aussi pour le pire.

La photo au balcon

Comme dans toutes les familles, les photos fixent pour l'éternité les grands moments de la vie. Mais en Angleterre, c'est au balcon du palais qu'un cliché devient authentiquement royal.

En monarchie, le balcon se révèle être un endroit hautement stratégique de la liturgie royale. C'est au balcon que le nouveau roi ou la nouvelle reine rencontre son peuple. C'est toujours au balcon que sont célébrés les jours importants comme les commémorations et la fête nationale. C'est aussi au balcon que les heureux mariés apparaissent pour saluer le peuple qui s'est rassemblé au pied du palais. En Angleterre, le balcon est aussi le lieu où se retrouve la famille royale lors de la traditionnelle et très populaire cérémonie du défilé des couleurs.

Dans le cas de Charles et Diana, les photos au balcon sont même destinées à devenir mythiques. La présence de la princesse de Galles ne constituera qu'une parenthèse dans les apparitions publiques de la famille royale. C'est l'époque où Diana côtoie le couple royal, le prince Charles, le duc et la duchesse de Kent, la princesse Margaret, la princesse Anne et ses enfants sans oublier les princes Andrew et Edward. Avec le recul, quand on observe ces clichés, on se prend à penser que Diana n'était pas vraiment dans la scène, c'était un peu comme si elle paraissait en retrait.

> *Les apparitions de la famille royale au balcon de Buckingham Palace ponctuent les différentes célébrations de la Couronne.*

Pourtant, Diana n'est pas la seule à ne pas trouver sa place dans le clan Windsor. Guère apprécié par les médias, le duc d'Edimbourg est réputé pour ses gaffes à répétition et son manque de diplomatie. L'inflexible princesse Anne a connu l'échec de son mariage avec Mark Philips et son remariage avec Thimothy Laurence ne semble pas toujours idyllique. Andrew est davantage réputé pour ses frasques sexuelles (avant de rencontrer Sarah) que pour ses aptitudes de prince. Edward apparaît comme l'éternel célibataire et peine à s'imposer dans le domaine de la production audiovisuelle où il voudrait se faire une place au soleil. La très belle duchesse de Kent traîne une réputation sulfureuse partiellement due à ses origines allemandes et à son tempérament dépensier. La propre sœur de la reine, la princesse Margaret, a multiplié les échecs tout au long de sa vie sentimentale mouve-

Charles et Diana au balcon de Buckingham palace. A leurs côtés, la reine Elizabeth.

mentée. Amoureuse de Peter Townsend, elle a été obligée de renoncer à son amour pour la raison d'Etat. Quand elle convole en justes noces avec Antony Arsmtrong-Jones, elle ne sait pas encore que son union sera vouée à l'échec. L'oisiveté, l'alcool et les amis, tour à tour envahissants et absents, finiront par avoir raison de cette princesse triste.

Face à ce spectacle, Elizabeth II demeure inoxydable et parfaite. La couronne, c'est elle, et elle apparaît au-dessus de la mêlée. Et Diana ? Pour l'heure, la princesse se tait mais n'en pense pas moins. Elle ne veut pas voir sa vie se briser sur l'écueil des désillusions Windsor. Et parfois, du haut de son balcon, une sensation de vertige se saisit d'elle.

3 La princesse de Galles

Devenue princesse de Galles, Lady di remplit parfaitement son rôle : elle donne à la Couronne deux héritiers. Mais harcelée par la presse people, détruite par un mariage de raison alors qu'elle croyait trouver l'amour, la future reine montre vite sa fragilité. Pour lutter contre la pression médiatique, elle tente de contrôler son image. Elle va faire de son apparence une arme… dont elle se révèlera parfois victime.

Fergie la flamboyante

Diana a apporté une dose de glamour au cocktail monarchique. A Fergie d'y ajouter un soupçon de spontanéité et de naturel. Une amitié naît rapidement entre les deux jeunes femmes qui n'ont pourtant pas la même conception de la vie.

Diana fait la connaissance de Sarah alors que sa relation avec Charles n'en est qu'à ses balbutiements. Tradition oblige, la rencontre est placée sous le signe du polo puisque le propre père de Sarah, le commandant Ronald Ferguson, est l'entraîneur du prince Charles. Diana et Sarah sont cousines au quatrième degré, mais elles ne se connaissent pas encore bien.

Elles deviennent rapidement très amies. Sarah est exubérante, flamboyante, toujours prête à plaisanter et ne paraît pas se formaliser outre mesure de sa légendaire gourmandise qui lui occasionne quelques kilos superflus. Peu à peu, elle se rapproche de la sphère royale et rencontre le prince Andrew. Son Altesse traîne une réputation de « royal-serial dragueur » et vit une relation très controversée avec une actrice de films érotiques, Koo Stark.

Diana ne joue pas les entremetteuses, mais elle encourage l'idylle qui se transforme rapidement en une véritable histoire d'amour. Entre-temps, la jeune femme est devenue princesse de Galles et elle a vécu une authentique métamorphose. Contre toute attente, elle s'improvise donc coach royal pour enseigner à Sarah le B.A.-BA du parfait maintien à Buckingham. En retour, Sarah n'est jamais en retard d'une bonne plaisanterie pour détendre l'atmosphère. Lors de la soirée donnée par Andrew pour enterrer sa vie de garçon, les deux jeunes femmes débarquent, déguisées en policiers, afin de tenter de resquiller. Leur exploit supposé hilarant fait la une des tabloïds.

Elle est aussi exubérante que Diana est timide. Avec Sarah, un vent de fraîcheur souffle sur la Couronne.

Le mariage d'Andrew et Sarah est célébré en grande pompe et, apparemment, à la grande satisfaction de la reine. La cérémonie tranche avec celle de Charles et Diana par son naturel, sa spontanéité et sa bonne humeur. Sous sa houlette, le très classique château

La duchesse d'York et la princesse de Galles en 1987.

de Windsor se transforme parfois en discothèque « fashion ». Fergie devient la coqueluche de la famille royale au point d'apparaître comme un modèle pour l'insaisissable Diana.

Pour ne rien arranger, un des plus grands fans de Fergie n'est autre que Charles. Le prince la trouve spontanée et naturelle, beaucoup moins compliquée que son épouse qui a le chic pour se plaindre à tout bout de champ. La princesse de Galles tente un moment de ressembler à sa belle-sœur, mais elle ne possède pas son caractère. Fergie est une jeune femme sympathique, mais elle est aussi frivole et superficielle. Petit à petit, les rapports entre les deux princesses vont perdre en intensité amicale et en fréquence. Insensiblement, leurs couples vont pourtant connaître la même dérive menant à la séparation. Mais leurs nouvelles vies de femmes séparées et libres, elles, ne se ressembleront pas.

Grace et Diana

Deux belles femmes devenues princesses. Deux femmes indépendantes qui ont dû trouver leur place au sein d'un protocole pesant. Deux beautés mythiques, deux destins féeriques et deux fins tragiques... Tout rapproche Diana et Grace.

Dès ses premiers pas de princesse, Diana fait la rencontre de la princesse Grace de Monaco. L'épouse de Rainier comprend rapidement que la jeune princesse de Galles manque encore d'aisance et qu'elle ne se sent pas à son aise dans cet environnement très conventionnel. Grace emmène donc Diana aux toilettes et engage la conversation.

La princesse de Galles se plaint de son isolement, de son manque d'assurance et de la froideur de son entourage. Grace sourit et lui répond que tout cela n'est rien et va encore empirer... Mais au-delà du trait d'humour, la princesse de Monaco et ex-star de cinéma lui prodigue des conseils avisés. Nulle mieux que Grace ne connaît l'importance de l'image et de l'apparence. Diana décide donc de soigner son look et de s'affranchir des convenances trop rassurantes qui sont de mise à la cour d'Angleterre. Son relooking ressemble à celui d'une star et elle décide de faire confiance à des pros issus de l'équipe du magazine *Vogue*. Petit à petit, elle abandonne le style *british* trop sage. Grace est une star devenue princesse. Diana sera une princesse devenue star.

Même si les deux femmes se voient peu, elles n'en conservent pas moins une grande complicité et une estime réciproque. Dès lors, quand Diana apprend

L'une était une star devenue princesse. L'autre fera le chemin inverse. Pour rendre hommage à son amie Grace de Monaco, Lady Di imposera ses choix à la Couronne.

en décembre 1982 la mort de la princesse de Monaco suite à un accident de la route, elle en est profondément choquée. Jusque-là, la princesse a accepté avec plus ou moins de bonne volonté d'obéir aux exigences de la Cour mais cette fois, elle est bien résolue à ne pas s'y soumettre. Elle manifeste sa volonté d'assister aux funérailles monégasques avec Charles. Le prince de Galles, qui connaît bien les règles du protocole, doute que l'autorisation lui soit donnée. Comme prévu, le secrétaire de la reine estime que Diana ne possède pas encore suffisamment d'expérience pour représenter l'Angleterre à la cérémonie. Diana décide d'écrire directement à la reine qui ne lui interdit pas de faire le voyage de la Riviera dans cette circonstance tellement particulière.

Pour Diana, c'est une première. Jamais encore elle n'a représenté la Couronne, seule, à l'étranger. Nombreux sont ceux qui doutent de ses aptitudes.

Pourtant, la jeune princesse s'acquitte avec dignité et professionnalisme de sa tâche. Certains vont même jusqu'à louer son maintien impeccable dans cette cérémonie qui, si l'on en croit l'avis de l'aristocratie britannique, s'est accompagnée d'un « sentimentalisme excessif ». Ils sont encore loin d'imaginer à quel point Diana peut, elle aussi, laisser libre cours à son sentimentalisme et souvent, avec excès.

Diana Spencer, quelques mois avant son mariage en 1981, aux côtés de la princesse Grace de Monaco.

Diana et l'étiquette

Diana se sent rapidement prisonnière d'une étiquette qui lui semble appartenir à un autre âge. Seule, elle n'est pourtant pas de taille à lutter contre les us et coutumes de la « royal factory ».

A peine revenue de voyage de noces, Diana comprend qu'elle est tombée dans une souricière. Les soirées au château de Balmoral se révèlent d'un ennui mortel. Pire, la reine exige que l'on s'habille pour le dîner et Diana en vient rapidement à regretter la liberté de sa vie de célibataire.

Le poids du protocole lui pèse d'autant plus que la Cour des Windsor est une des plus codifiées de l'Europe royale. L'étiquette exige que l'on s'adresse à elle en usant la formule « Votre Altesse Royale » la première fois qu'on lui parle, puis qu'on lui donne du très respectueux « Madame ». Elle se doit bien évidemment de faire la révérence à la reine, mais devant elle, les autres doivent aussi lui témoigner de toute la déférence qui lui est due. L'usage veut qu'elle s'entretienne poliment avec des gens qu'elle ne connaît pas et qui ne l'intéressent pas. Quand arrive le moment du dîner, elle accompagne Charles, à son bras, jusqu'à la table. Toutefois, l'étiquette exige que Diana ne s'asseye pas à côté de son époux mais entre deux invités avec lesquels elle peine à trouver des sujets de conversation. Ensuite, chacun se doit d'attendre que la souveraine prenne place.

Les règles de bienséance qui régissent la vie de la Cour sont pour Diana une autre façon de nier sa liberté.

Diana se sent mal à l'aise, pour ne pas dire malheureuse. Pire, elle culpabilise de ne pas être à la hauteur de la tâche qu'on lui a assignée. Rien ne change à ce mode de vie réglé avec la précision d'un papier à musique. Plus encore que l'étiquette, c'est la vie quotidienne qui lui pèse. A Balmoral, Charles apprécie la pêche et la chasse. Diana déteste autant l'un que l'autre. La reine ainsi que la princesse Anne et le prince Philip saisissent la première occasion pour monter à cheval. Depuis son accident d'enfance, Diana rechigne à monter. Tous ses goûts l'éloignent des Windsor et ceux-ci font peu d'effort pour lui faciliter la vie.

Charles va cependant faire quelques tentatives. Constatant que son épouse devient maussade, il prend soin d'inviter des jeunes pour que Diana s'amuse un peu. Parfois, elle

réussit à donner rendez-vous à des amies pour s'offrir une séance de shopping qui la ramène à sa vraie vie d'avant. La princesse de Galles a vingt ans et elle n'a pas été élevée au sein de l'écurie Windsor. Elle commence à peine son « job » de princesse et déjà, elle étouffe. Dans un premier temps, elle tente de se fondre dans le moule royal, mais elle a déjà compris que la partie sera difficile et qu'elle risque de ne jamais la remporter. A défaut de pouvoir briser les conventions, celles-ci risquent un jour de la broyer.

L'insupportable Tiggy Legge-Bourke

Un peu oubliée aujourd'hui, Tiggy Legge-Bourke fut un des principaux témoins de la vie de Diana. Une de ces femmes avec lesquelles elle a entamé une implacable partie de bras de fer.

Certains ennemis se révèlent encore plus implacables dans la mort que la vie. D'autres apparaissent paradoxalement comme les plus proches soutiens des êtres qui nous sont chers. Alexandra « Tiggy » Legge-Bourke appartient à cette catégorie. Pire, avec Camilla, elle est la plus terrible des ennemies qu'ait croisées Diana.

La jeune fille, qui est engagée par Charles pour veiller sur ses enfants quand ils sont avec lui, apparaît comme un véritable cauchemar pour Diana. Après l'épreuve de la séparation, elle va devoir apprendre celle du partage. Diana est une bonne mère, mais aussi une maman possessive. Elle a donné deux enfants à la Couronne et avant de les voir comme des héritiers, elle les considère surtout comme ses enfants. Et quand une étrangère s'avise de partager les jeux, les secrets et les joies de William et de Harry, Diana la gentille maman devient Diana la tigresse. Elle est convaincue qu'il s'agit d'une nouvelle manœuvre de Charles destinée à lui nuire en la blessant là où cela fait le plus mal.

Diana voit Tiggy comme une mère de substitution. La jeune femme appartient à la même génération et à la même classe sociale qu'elle. Pour ne rien arranger, elle paraît très à l'aise auprès de Charles et s'intègre sans peine dans son cercle d'amis. En peu de temps, Tiggy fait partie de la famille et les sourires d'Harry et de William lorsqu'ils sortent avec elle font terriblement souffrir Diana.

La princesse n'est pas prête à se laisser faire. Charles résiste. Il estime, non sans raison, que son épouse n'est pas stable et que ses enfants ont besoin d'un réconfort féminin que nulle autre ne peut leur apporter dans la famille. Tiggy est de plus en plus proche des fils de Diana qui apprécient son caractère.

Diana finit par obtenir la disgrâce de la jeune femme. Elle sait que sa décision fera de la peine à ses fils, mais elle est persuadée qu'elle agit pour leur bien. Cet épisode prouve que la princesse n'hésite pas à pratiquer le chantage affectif lorsqu'elle l'estime nécessaire. Pendant une période, la partie paraît donc gagnée.

Elle est la « big sister » de William et Harry. Malgré l'animosité de leur mère Diana, elle demeurera l'un de leurs plus fidèles soutiens.

Tiggy Legge-Bourke en 1995.

Mais après la mort de Diana, ses anciennes ennemies relèvent la tête. Conformément à la volonté de Charles, la flamboyante Tiggy retrouve sa place auprès des princes. La princesse n'a jamais voulu partager l'amour de ses fils. Sans cette attitude possessive, elle aurait peut-être compris que Tiggy a été une des plus belles rencontres faites par ses fils dans leur enfance perturbée.

Les voyages forment la princesse

A l'occasion des voyages officiels, la princesse de Galles trouve l'espace qui lui manque en Angleterre. Elle a compris le pouvoir de l'image et la force qu'elle peut en tirer. C'est à l'étranger, loin de Londres et de ses frustrations, que se forge sa légende.

Diana en Egypte, 1992.

Au milieu des années 80, Diana effectue deux visites en Australie, un territoire dont la souveraine n'est autre que la reine Elizabeth II. La princesse paraît parfois absente, un peu mal à l'aise malgré un accueil chaleureux. En 1986, son voyage au Japon lui fait découvrir une civilisation qu'elle ne connaît pas, ainsi qu'une cour où le protocole lui paraît encore plus pesant qu'à Londres. En 1985, la presse italienne est sur les dents. Il s'agit de ne pas louper la photo de l'année. Diana descend le Grand Canal de Venise dans un superbe hors-bord. Toute de noir vêtue, elle rend visite à Jean-Paul II, qui la reçoit au Vatican avec un large sourire.

1989 : la chaleur moite régnant à Jakarta, la capitale de l'Indonésie, n'entame pas l'enthousiasme de la population qui se presse pour admirer la jolie princesse. La même année, elle se rend à Hong Kong où sa célèbre tenue rouge et violet fait mouche. Ce voyage reste un grand moment en terme d'élégance pour la princesse qui aligne les toilettes, gagne en assurance et apparaît plus belle que jamais. Le Nigeria lui offre un extraordinaire contraste avec ses couleurs et les foules en liesse qui accompagnent le cortège des voitures princières. Diana n'est pas avare de ses sourires quand elle part

Par son allure et sa générosité envers ceux qui en ont le plus besoin, Diana a su se faire aimer partout sur la planète.

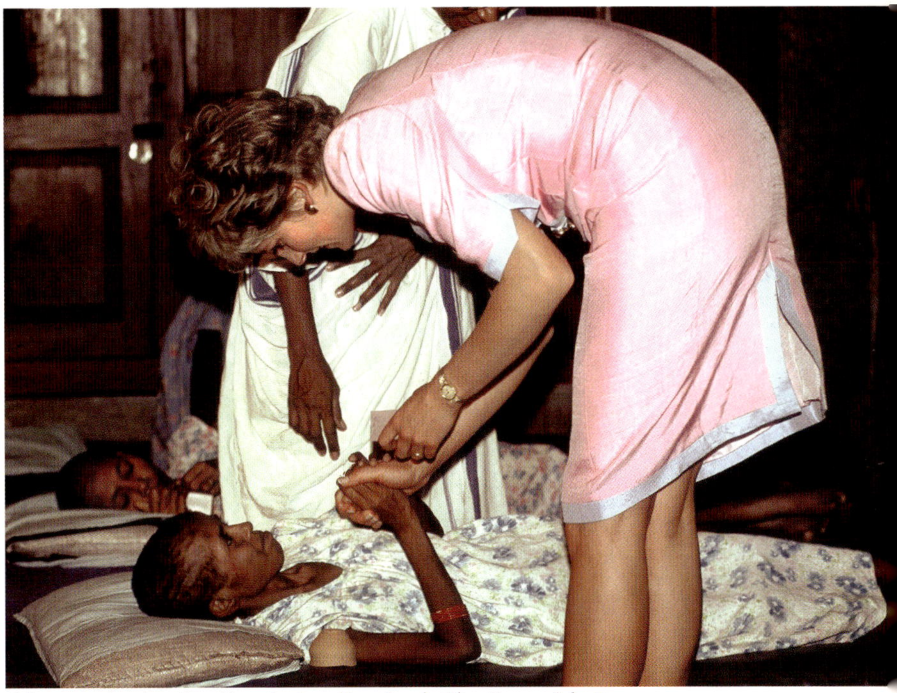

A la rencontre des plus démunis dans l'hospice de Mère Teresa, Calcutta, 1992.

à la rencontre des femmes africaines ayant revêtu leurs tenues traditionnelles. Les Etats-Unis déroulent le tapis rouge en 1990. La First Lady accueille une princesse arborant un sourire qui en dit long sur sa fascination pour les Etats-Unis.

Toujours en 1990, la princesse se rend en Hongrie alors que le rideau de fer vient de tomber quelques mois auparavant. L'Egypte est le lieu idéal pour des sessions photos romantiques, dont un cliché de la princesse devant la pyramide de Gizeh. Diana est enfin partie à la découverte de cet Orient qui va tellement lui plaire. La même année, elle séduit le Canada où elle arbore un somptueux diadème de diamants et une robe noire des plus élégantes.

Il n'existe pas de pays plus photogénique que l'Inde que Diana visite en 1992. L'ancienne perle de l'empire fournit le décor de la célèbre photo de la princesse un peu nostalgique et esseulée assise devant le Taj Mahal. Mais elle va aussi à la rencontre des pauvres dans les hospices de Mère Teresa. Avec Diana, le glamour n'est jamais loin de l'engagement humanitaire. Pour la princesse, ce voyage constitue une véritable découverte, un bouleversement assorti d'une prise de conscience qui lui fait entrevoir la vie autrement.

France, Espagne, Tchécoslovaquie, Népal, Oman, Thaïlande... On ne compte plus les voyages de l'ambassadrice de choc, de chic et de charme de la Couronne. C'est dans ces déplacements que Diana accède au rang de femme libre imposant ses convictions. Jamais princesse n'a fait preuve d'un meilleur sens du contact.

Pro du look ou fashion victim ?

Diana aime la mode et celle-ci le lui rend bien. Avec elle, le look accède au rang d'affaire d'Etat et le débat politique prend en compte des domaines tels que du choix d'un sac, d'une paire de chaussures ou d'une nouvelle robe taillée à la dernière mode.

Une des premières photos de Diana alors qu'elle n'était pas encore mariée la présente en jupe très convenable… mais qui ne tient pas compte d'un rayon de lumière fripon dévoilant ses jambes dans une transparence très peu protocolaire. En devenant l'épouse de l'héritier de la Couronne, la princesse apprend rapidement à maîtriser son look. Son intérêt pour la mode se transforme peu à peu en passion. L'excuse est toute trouvée, car son rôle lui impose de devenir une ambassadrice de la mode à travers le monde. Confrontée à l'hostilité de la famille royale, Diana sait aussi qu'elle peut jouer sur son physique et souligner sa beauté avec laquelle aucun membre du team royal ne peut rivaliser. Au fil du naufrage de leur mariage, Charles et Diana vont s'affronter sur la question très futile des vêtements. Charles en veut aux journalistes de décrire ses tenues et encenser les derniers créateurs qui ont emporté les faveurs de Diana plutôt que de relayer ses propres engagements.

Devenue ambassadrice de la mode à travers le monde, Diana impose une image chic et sexy.

Mais quand l'orage devient tempête, la question du comportement de *fashion victim* de Diana et surtout de ses dépenses prend l'allure d'une affaire d'Etat. Charles publie les dépenses « futiles » de son épouse en une année. Rien de moins que 166 000 livres ! (et peu importe si ses dépenses à lui s'élèvent à 281 000 livres...)

Le prince épingle les frais liés à la beauté, au coiffeur, aux thérapies et au fitness. En matière d'habillement, la princesse bat tous les records. Elle achète une robe de marque toutes les semaines (87 880 €) et se doit d'assortir un sac à chaque tenue (6 825 €). Elle se montre plus raisonnable en matière de bijoux (3 120 €) et un peu plus gourmande pour les sous-vêtements (8 059 €).

Dès le début des années quatre-vingt-dix, Diana choisit des tenues de créateurs à la fois branchées et sexy. Ses goûts la mènent vers une maison comme Versace, qui associe ces deux exigences. A mesure que son couple se disloque, la princesse craque pour des tenues de plus en plus sexy. En revanche, elle abandonne une certaine sophistication un brin tapageuse pour s'orienter vers une sobriété très chic. Sa styliste fétiche, Catherine Walker, est passée maître dans l'art de lui composer des looks à la fois chic, sexy et modernes. Ses goûts lui font aussi choisir des créations de Bruce Oldfield, de Hachi et de Victor Edelstein.

Jadis, les princes partaient au combat avec des cotes de mailles et des armures étincelantes. Diana, elle aussi, est partie en guerre, mais sa tenue de combat consiste en un fourreau noir au décolleté vertigineux et au charme ravageur.

Coup de ciseaux

Au début, il y a surtout l'envie de gagner en assurance en soignant son apparence. Mais rapidement, le simple soin se transforme en véritable offensive du look. Retour sur la stratégie capillaire de Diana.

Parmi les dépenses princières qui ont défrayé la chronique, les soins de cheveux figurent en bonne place. On a chiffré le budget princier à 10 400 euros les coupes d'entretien, à 1 365 euros la couleur et les mèches tous les deux mois et à 390 euros pour le shampooing embellisseur.

En effet, Diana n'a jamais caché son intérêt pour les plaisirs capillaires. Son plus grand luxe est de se faire laver et sécher les cheveux chaque matin du lundi au vendredi. Cette mission prestigieuse est d'abord confiée aux mains expertes de Richard Dalton, puis à Sam McKnight. Les biographes de la princesse racontent que les séances régulières de coiffure donnent lieu à des confidences plus ou moins exclusives de sa part aux artistes des ciseaux.

Dès sa rencontre avec Charles et surtout après son mariage, la princesse constate qu'elle lance la mode et que ses coupes donnent le ton. La mèche un peu lourde est sa première marque de fabrique. A l'époque, elle paraît idéale pour une princesse qui a tendance

Cachée derrière une lourde mèche lors de ses premiers pas dans la vie publique, Lady Di adopte bientôt une coupe résolument moderne.

à baisser le regard en trahissant sa timidité naturelle. Suit une coiffure plus courte soulignée par un brushing irréprochable qui lui fait gagner en féminité et en assurance. Diana ne veut plus baisser la tête. Elle est consciente de ses atouts et affronte le regard des autres. En d'autres termes, la timide veut se faire conquérante.

La coupe est flexible et un coup de brosse habile suffit à lui donner la tenue idéale pour arborer des diadèmes qui soulignent son port royal.

Au fur et à mesure du temps, sa coiffure va raccourcir et gagner en modernité tout en restant fidèle à son style. Une seule exigence : il faut que le brushing tienne le coup dans toutes les circonstances. Bal à la Cour ou voyage en Afrique, journée avec les enfants dans un parc de loisirs ou visite dans un hôpital... Il lui faut à la fois une coupe facile et élégante qui lui offre un véritable confort « tout terrain ». Le chic Diana reste en tout cas éternellement lié à ce mythe capillaire que les meilleurs ciseaux du Royaume ont réussi à lui composer au fil des années.

La princesse pop

En matière artistique comme dans d'autres domaines, la princesse de Galles ne correspond pas aux canons prônés par la famille royale. Pour la très traditionnelle reine, l'art façon Diana rime un peu trop souvent avec showbiz !

La famille royale est plus sensible à l'art de la chasse à courre qu'à la danse contemporaine ou aux courants avant-gardistes des arts plastiques. Et ce n'est pas être grossier envers Sa Gracieuse Majesté de reconnaître que certains souverains du passé ont davantage joué les mécènes que les locataires actuels de Buckingham Palace. Cela n'empêche pas la reine de veiller avec prudence et fierté sur l'une des plus fantastiques collections d'art du monde entier.

Femme de son époque, Lady Di préfère la pop anglaise aux grands airs classiques.

Confrontée à cette « vacance » du mécénat, Diana pourrait occuper une place de premier plan en jouant un rôle comparable à celui de la reine Sofia en Espagne ou à la princesse Caroline à Monaco. Bien sûr, elle patronne différentes associations, orchestres ou compagnies.

Mais Diana ne possède ni la culture ni l'envie suffisante pour remplir le rôle qui pourrait lui être dévolu.

Naturellement portée vers la culture populaire, elle préfère la musique disco et pop aux grandes envolées classiques. Elle regarde les *soaps* à la télévision et se promène dans les couloirs du palais, un walkman vissé sur les oreilles. Charles soupire en subissant de mauvaise grâce les goûts de son épouse et tente en vain de lui faire découvrir les délices de la grande musique. Peine perdue, la princesse préfère écouter les derniers albums d'Elton John et de Georges Michael et reste indifférente aux volontés de son mari. En voyage aux Etats-Unis, elle se lance dans une danse endiablée avec John Travolta. Une fois encore, ce qui pourrait être une broutille agrandit le fossé qui sépare les époux.

En même temps, Diana apparaît aux yeux du peuple comme une femme d'aujourd'hui, bien plus accessible que les rigides membres de la famille royale qui ne goûtent que des plaisirs culturels d'une autre époque. On la voit en compagnie de John Travolta et l'on se demande lequel des deux est la véritable star !

Diana et Liza Minnelli, 1991.

Avec les années, son intérêt pour la danse ne faiblit pas mais il accompagne surtout l'envie d'une pratique personnelle.

★ Naturellement sensible aux minorités, la princesse accède également au rang d'icône de la communauté gay au sein de laquelle les artistes sont très représentés. Cette longue histoire d'amour ne fera que croître avec les années, jusqu'au point d'orgue de ses funérailles.

Un job difficile

Être princesse, c'est aussi savoir tenir son rang. Comment une jeune femme critiquée a-t-elle réussi à devenir une référence en matière de princesse des cœurs ?

Il existe bel et bien un mystère Diana. Malgré sa beauté, la princesse a tout pour devenir le vilain petit canard de la famille royale. Pourtant, en peu d'années, elle va réussir à se hisser au rang de première ambassadrice de la Couronne, jusqu'à faire de l'ombre à tous les membres du clan Windsor. C'est d'autant plus étrange que la reine ou la reine-mère, qui incarnent la vieille garde de la monarchie conservent, elles aussi, une cote d'amour intacte.

Alors, comment Diana a-t-elle réussi à trouver sa place dans le panthéon royal alors qu'elle ne réussissait pas à la trouver au sein de la famille ? Etrangement, les Britanniques semblent s'être retrouvés dans ces années de cohabitation au sein de la famille royale. Il y a d'un côté les tenants de l'orthodoxie monarchique avec une écurie de princes et de princesses qui connaissent le mode d'emploi de la Couronne sur le bout des doigts. Et puis, il y a la couronne « off » incarnée par Diana. La princesse réussit à apporter une dose d'humanité là où l'institution semble souvent froide et distante. De plus, Diana offre au peuple le rêve glamour qu'il ne trouve pas dans les bibis pastel et les imprimés fleuris de ces dames du clan Windsor. A la fois proche comme une amie et sophistiquée à l'image d'une star du show-biz, la princesse impose son image moderne, son look au goût sûr, son sourire et, peu à peu, fait passer son message. D'autres auraient été broyées par la grande lessiveuse royale et en seraient ressorties formatées et rassurantes pour l'*establishment*. Diana, au contraire, a refusé les séances de *brainwashing* et les moules conformistes. Elle a même construit un personnage en opposition totale avec les membres de la famille. Plus glamour que sa belle-sœur Anne, plus chaleureuse que son mari Charles, plus maternelle que la reine Elizabeth, plus généreuse que son beau-père le duc d'Edimbourg, plus moderne que la princesse Margaret...

En dépoussiérant l'image de la famille royale, Diana parvient à se faire une place de choix dans le cœur des Anglais.

Elizabeth II, le prince Charles, la princesse Diana portant le prince William, le prince Philip et la reine-mère après le baptême du nouveau-né, 1982.

Le style Diana s'élabore en opposition et jamais dans le compromis. Cette cohabitation a rapidement pris des allures de bras de fer. Malgré sa popularité grandissante, elle ne peut qu'en sortir perdante.

Affaires de famille

Diana, William et Harry, 1990.

Femme mariée, mère, princesse, fille, belle-fille... Dans quel rôle Diana se sent-elle le plus à sa place ?

Tout a été dit concernant les vertus et les défauts de la princesse de Galles. Tout, et aussi son contraire ! Aujourd'hui que le temps a fait son œuvre, il est permis de jeter un regard plus objectif sur le caractère d'une femme passée du statut de la victime plus ou moins consentante à celui de Machiavel en jupon, prête à tout pour nuire à sa belle-famille.

Diana a-t-elle été une épouse irréprochable ? Loin de là...

Mais il faut au moins lui accorder le bénéfice de la bonne volonté lorsqu'elle convole en justes noces devant les caméras du monde entier. La jeune fille nourrit encore des rêves de prince charmant. Quand elle s'aperçoit que la réalité se teinte rarement de rose bonbon, la princesse contre-attaque avec une violence que ses amis ne lui connaissent pas. Non seulement, elle s'attaque aux Windsor mais en plus, elle vit une vie amoureuse que le mariage ne lui a pas apportée.

A-t-elle été une bonne princesse ?

Au sens windsorien du terme, il est certain que Diana n'a pas comblé les attentes de sa belle-mère. Mais il y a un fossé entre la princesse de Galles et sa belle-mère, pour ne pas évoquer le gouffre qui sépare Diana et Queen Mum. L'épouse de Georges VI connaît

Diana et Charles
au Canada, 1991.

la signification du mot « sacrifice » et a été en première ligne de la résistance face à l'ennemi pendant la guerre. Par ailleurs, elle n'a eu de cesse de protéger son époux qui appréhendait d'exercer une charge pour laquelle il n'avait pas été formé. Quant à la reine Elizabeth II, elle a été élevée dès son plus jeune âge dans l'idée qu'elle devrait un jour se mettre au service de l'Etat. Hélas, ce jour est venu plus tôt que prévu et son expérience durant la guerre a encore accru son sens des responsabilités. Dès lors, les états d'âme d'une princesse sensible, prompte à bousculer le protocole et très narcissique, n'ont que peu de chance de trouver un écho favorable à la Cour.

Reste son statut de mère. Ici encore, les avis divergent. Si le peuple estime que Diana a été une bonne mère, attentive et proche de ses enfants, il n'en va pas de même pour les Windsor qui jugent son comportement enclin à la sensiblerie. Toutefois, Elizabeth se montre moins sévère que son fils Charles et surtout son époux, le duc d'Edimbourg. La reine est consciente de ne pas avoir été une mère assez présente. Elle regarde avec étonnement et une point d'envie la relation que Diana noue avec ses fils. Elle comprend un peu tard que la stricte éducation qu'elle a (fait) prodiguer à ses quatre enfants n'est plus adaptée au monde actuel. Diana a peut-être cessé d'incarner la princesse idéale dont rêve la reine mais elle sera, jusqu'à son dernier souffle, la mère de ses enfants et surtout, la mère du futur roi d'Angleterre.

Princesse engagée mais solitaire, femme bafouée et mère anxieuse, Diana a le plus grand mal à mener de front ses différentes vies.

Folle de son corps

Professionnelle de son image, Diana en est également devenue l'esclave. Une victime qui souffre au point de sombrer dans l'enfer de l'anorexie.

Le secret sera gardé longtemps, Diana est gravement malade. Elle alterne les crises de boulimie et d'anorexie sans que personne autour d'elle ne perçoive le drame qui se joue. Et pourtant, la princesse envoie plusieurs signaux de détresse. La pression est trop forte et les attentes lui paraissent insurmontables.

En janvier 1982, la jeune femme est déjà à bout. Les disputes avec Charles se multiplient et Diana n'hésite plus à proférer de terribles menaces. Malgré sa grossesse (elle en enceinte de trois mois du prince William), elle va jusqu'à dire à son époux qu'elle est prête à se tuer. Le prince de Galles n'est pas homme à se laisser impressionner par des intimidations auxquelles, par ailleurs, il ne croit pas le moins du monde. Face à un mur, Diana décide un jour de passer à l'acte. Elle se jette dans les escaliers, mais Charles ne se laisse pas fléchir pour autant. La reine-mère est une des premières à découvrir « l'accident » et Diana passe entre les mains de différents médecins qui ne peuvent que constater le miracle. Malgré la violence de la chute, la princesse et le fœtus sont indemnes ! Diana en est quitte avec quelques ecchymoses, mais les bleus à l'âme sont souvent plus difficiles à soigner que les blessures physiques.

Diana, 1995.

Pour une princesse dont l'image est à la fois le principal atout et le plus grand ennemi, l'obsession de l'apparence devient maladive.

Diana en 1982.

Plus que ses gestes théâtraux, c'est son conflit intime avec la nourriture qui la mine. La princesse dévalise le frigo avant d'aller vomir tout ce qu'elle vient d'ingurgiter. Diana, dont l'image fait quotidiennement la une des journaux et des magazines, ne supporte pas le moindre gramme en trop. Pour son malheur, elle puise un réconfort illusoire dans l'absorption massive et le rejet instantané d'aliments caloriques.

Diana est maigre, de plus en plus maigre au point de s'évanouir lors de voyages officiels. Parfois, elle saute les repas en se contentant d'un *Kit Kat* avant d'entreprendre un éreintant rallye de visites. Pendant qu'elle inflige à son corps des privations et des désordres qui peuvent s'avérer dangereux, elle pratique des activités physiques de manière intensive. Poursuivant toujours cette volonté d'être parfaite, Diana s'adonne tous les jours à la natation et à la gymnastique. Elle danse et s'initie à la discipline du Tai-Chi-Chuan.

Les paparazzi la pistent alors qu'elle sort de son club de sport, habillée à la manière des *gym queen* d'outre-Atlantique. Diana est consciente de la perfection de sa silhouette, mais elle en retire davantage de souffrance que de joie. Le miroir s'avère être en même temps son plus fidèle soutien et son pire ennemi...

Les amis : les vrais et les faux

Tout au long de sa vie, Diana est confrontée aux dures réalités des vraies et des fausses amitiés. Parfois, la chute sera rude.

Comment cultiver l'amitié lorsque l'on apparaît comme une des femmes les plus célèbres du monde ? Diana est rapidement confrontée à ce délicat problème. Dans sa jeunesse, elle a eu des amies avec lesquelles elle entretenait des rapports très intimes. Mais lorsque l'on passe derrière les grilles des palais, il se révèle souvent difficile d'entretenir de « simples » amitiés. Dans les premières heures de son mariage, Diana tente de se fondre dans le cercle relationnel de Charles, mais le défi lui semble rapidement impossible. Les amis de Charles sont plus âgés et possèdent des centres d'intérêt qui ne passionnent guère la jeune femme. Pour ne rien arranger, la meilleure amie du prince de Galles n'est autre que l'omniprésente Camilla que Diana ne tient pas le moins du monde à rencontrer.

Sa vie aurait pu ressembler à un conte de fées. Dans la réalité, la princesse est terriblement seule.

Charles comprend le désarroi de son épouse et tente de rajeunir la moyenne d'âge des connaissances qui poussent la porte de Kensington palace. Mais la bonne volonté princière fait long feu. Charles juge les amitiés de son épouse superficielles et peu dignes d'intérêt. Heureusement, Diana peut compter sur quelques amies proches avec lesquelles elle ouvre son cœur et partage de bons moments. Un de ses plus grands bonheurs est de retrouver Kate Menzies et Catherine Soames au restaurant à la mode *San Lorenzo* dans Knightsbridge. Les trois jeunes femmes prolongent alors leur déjeuner dans l'après-midi et partagent une véritable complicité.

Mais Diana fait aussi l'amère expérience des amitiés battues en brèche par les trahisons. Souvent fragile, elle se confie plus qu'elle ne le devrait à ses proches. Qu'ils soient majordomes, coiffeurs, gourous et même amants, tous sont prêts, tôt ou tard, à trahir sa confiance pour monnayer leurs confidences à la presse.

Dès lors, Diana tombe dans une autre spirale, celle de la méfiance et même de la paranoïa. Comment trouver des confidents en qui elle pourrait avoir toute confiance ? Diana se pose chaque jour la question…

Devenue une personnalité publique de première importance, Diana affronte seule les paparazzi, les rumeurs… et la famille royale.

Deux reines et une princesse

Complices ou ennemies ? Les relations de Diana avec sa belle-mère et la reine-mère sont passées d'un extrême à l'autre. Le temps pour la princesse de Galles de transformer son sentiment de culpabilité en une volonté de révolte.

Dans les premières heures de la romance princière, le casting paraît parfait et la reine-mère est satisfaite du choix de son petit-fils. Après tout, Diana n'appartient-elle pas, comme elle, à la grande famille de l'aristocratie britannique ? Diana a ce petit côté excentrique qui ne peut que plaire à une vieille dame qui cultive elle-même un petit côté excentrique très *british* et un adorable penchant pour le gin… *Last but not least*, Queen Mum et Diana se partagent le cœur des Anglais. Certes, la reine est populaire, mais ce n'est rien à côté de la cote d'amour que récoltent sa mère et sa belle-fille. A la première, on voue un véritable culte depuis son comportement exemplaire lors de la Deuxième Guerre mondiale. A la deuxième, on lui sait gré de faire souffler un vent d'air frais sur une Cour qui paraît souvent trop engoncée dans ses vieilles habitudes.

Un jour, la grand-mère de Charles organise un dîner pour le prince de Galles et son épouse. Mais elle regarde à peine Diana et n'en finit pas de plaisanter avec son petit-fils. Plus tard, Diana se plaindra de son comportement. Elle affirmera qu'elle est une fausse gentille, une femme dure qui n'a pas de cœur.

De son côté, Queen Mum ne comprend pas les caprices de la jeune princesse. Comment peut-elle être gaie le matin et sombre le soir ? Comment

Elizabeth II et sa belle-fille, 1994.

Les deux personnalités préférées des Anglais : « Queen Mum » et Lady Di (ici avec Harry), 1992.

peut-elle engloutir autant de desserts et en même temps se préoccuper de sa ligne ? Et de quel droit menace-t-elle de se suicider quand Charles décide de faire une innocente promenade à cheval ?

La reine douairière a souffert de l'échec du mariage de sa deuxième fille Margaret et elle entend bien ne pas voir se répéter un pareil échec avec l'héritier du trône. Femme de la vieille école, elle estime que la responsabilité du naufrage d'un couple ne peut venir que du côté de l'épouse. Si Charles est infidèle à Diana, c'est parce que Diana est incapable de le retenir. Et puis, pour une reine presque centenaire, l'infidélité n'est pas un motif sérieux de rupture.

A l'issue tragique de la vie de Diana, Queen Mum se montre intraitable. Pour elle, Diana ne fait plus partie de la famille et elle penserait presque que ce décès est uniquement une affaire privée. Elizabeth est loin d'imaginer la popularité dont jouit encore la rebelle au sein de l'opinion publique… A-t-elle été de mauvais conseil auprès de sa fille en alimentant les doutes de la souveraine ? Beaucoup le pensent. Pour autant, pouvait-on raisonnablement demander à la matriarche Windsor de comprendre les fêlures d'une femme moderne qui n'hésitait pas à bousculer l'édifice millénaire de la monarchie anglaise pour laquelle elle s'était tellement battue ?

Si la reine-mère et sa fille Elizabeth sont toutes deux aimées de leurs sujets britanniques, le sentiment qui les lie à la princesse Diana se révélera exceptionnel et inaltérable.

Un cauchemar nommé paparazzi

Ambiguïté encore et toujours... Diana est tour à tour manipulatrice et victime des traqueurs d'images. Une chose est sûre, ce n'est pas elle qui a ouvert le feu des hostilités.

Il a suffi que les rumeurs de fiançailles se confirment pour que la vie de Diana entre dans le domaine public. Dès 1981 et pendant seize années, la princesse vit sa vie à travers l'objectif des caméras et des photographes. Tout a été dit sur la responsabilité des voleurs d'images dans le mal être de la princesse et même dans sa mort tragique.

« Les photographes : ils ne font que leur boulot mais parfois, ils devraient s'en abstenir. »

Diana

Dans un premier temps, Diana se contente de demander poliment aux photographes de la laisser tranquille. Mais la jeune femme est loin de réaliser l'enjeu financier qu'elle représente pour les éditeurs de journaux. Contrairement à d'autres rédactions du continent, les éditeurs britanniques cultivent depuis longtemps la culture du *trash-paper*. En d'autres termes, rien n'est tabou lorsqu'il s'agit de vendre du papier et d'étancher la soif infinie d'informations des lecteurs. La famille royale n'est pas préservée de cette surenchère, mais jamais membre de la dynastie ne s'est révélé aussi « bankable » que l'épouse du prince de Galles. Dès lors, chaque acte qu'elle pose dans son existence devient prétexte à un sujet dans la presse. Diana sort de son restaurant préféré. Diana va faire du shopping. Diana se rend dans son club de sport. Diana skie avec ses enfants. Au fur et à mesure de ces « scoops » qui violent sa vie privée, la princesse devient de plus en plus sensible à ces agressions. Il lui arrive d'implorer les photographes de la laisser tranquille. Dans la rue, elle cache son visage avec son sac, crie sur les journalistes. Il arrive même que la princesse éclate en sanglots, lassée d'être la cible de paparazzi toujours plus ingénieux pour la débusquer. Jamais, dans toute l'histoire de la monarchie britannique, on a vu pareille violence ou manque de respect à l'égard d'une princesse royale.

Pour autant, la princesse n'est pas seulement victime de cet engrenage infernal. Elle est en même temps la metteuse en scène et l'actrice du film de sa vie. Diana connaît le pouvoir de l'image et elle s'en sert pour dénoncer sa situation familiale ou donner du

Janvier 1981. Six mois avant son mariage, Diana est déjà poursuivie par les paparazzi. Cela ne s'arrêtera jamais.

relief à son action. Diana a compris que le seul fait d'apparaître seule ou triste renforce l'impression qu'elle est isolée et mal aimée dans la famille. Si elle protège ses enfants comme une lionne, elle n'hésite pas à se montrer avec eux lorsqu'il s'agit de cultiver son image de mère présente et aimante.

Toutefois, son adresse ne suffit pas à lutter à armes égales contre des intérêts qui la dépassent. Sans le savoir, Diana a déjà perdu sa bataille contre les chasseurs d'images.

Quand Diana occulte la réalité

Quand la réalité se fait trop présente, inquiétante ou incertaine, il reste à Diana le réconfort de sciences occultes.

Confrontée à des difficultés qui lui semblent insurmontables, Diana cherche des solutions à son mal de vivre dans d'autres voies. Elle se passionne pour les médecines douces et explore les méandres de l'ésotérisme et de l'occultisme. Elle se rapproche d'une voyante irlandaise qui l'impressionne très positivement. La femme prétend être en contact avec les esprits et elle lui délivre des anciens conseils de sagesse chinoise. Face à la médium, la princesse est confortée dans ses craintes, mais elle entrevoit aussi une solution. Dès lors, elle retourne consulter la voyante régulièrement et lui ouvre son cœur. Un de ses souhaits les plus chers est d'entrer en contact avec Cynthia, sa grand-mère paternelle. La femme était morte alors que Diana n'avait que onze ans mais elle a toujours gardé une grande affection pour elle et elle aspire à renouer le contact avec son esprit.

Médecines douces, ésotérisme, occultisme. Pour tromper ses doutes et rassurer ses angoisses, Diana fait appel aux médiums.

La princesse n'en est encore qu'à ses débuts dans le spiritisme. A l'image de son déséquilibre alimentaire, elle dévore les ouvrages consacrés à l'ésotérisme avec boulimie. Elle veut toujours en savoir plus et multiplie les gourous qui lui apporteront de bons conseils. Elle fait notamment appel à des astrologues qui lui expliquent le message que lui délivrent les étoiles.

Pour autant, l'intérêt que porte la princesse à l'occultisme évolue à mesure que son état s'améliore ou empire. Quand elle a davantage confiance en elle, elle conserve sa curiosité pour les secrets occultes, mais elle ne se laisse pas pour autant dicter sa conduite par les médiums. Diana se sent terriblement seule et elle est prête à se raccrocher à toutes les aides qu'elle trouvera.

Paradoxalement, son intérêt pour les médecines douces rencontre celui de Charles pour ces disciplines. Hélas, cette convergence ponctuelle ne rapproche pas les époux dont les routes continuent à se séparer. Nul ne sait si les médiums auxquels la princesse avait confié sa détresse affective avaient été en mesure de lire dans leur boule de cristal la terrible fin qui attendait Diana…

4 La séparation

Dès la naissance d'Harry, le rideau tombe sur un mariage qui n'avait d'un conte de fées que l'apparence. En 1992, la séparation est officielle. Charles n'a jamais quitté Camilla, Diana se console auprès de ses quelques amis ou amants. Elle n'est pas prête à se laisser broyer par la machine monarchique et n'hésite pas à affronter la Couronne pour reconquérir sa liberté.

4

La séparation

Guerre froide chez les Galles

Entre Charles et Diana, le conflit est inévitable. Mais avant d'ouvrir les hostilités, c'est la guerre froide qui empoisonne la vie du couple.

Diana ne supporte plus Charles et Charles le lui rend bien… Dans un premier temps, les époux terribles mettent de la distance entre eux. Ils commencent par ne plus faire chambre commune, puis ils ne partagent plus les mêmes appartements. Charles essaie de donner le change. Diana, elle aussi, évite tout scandale, mais son regard mélancolique en dit long sur le malaise qu'elle ressent. Avec le temps, le fossé s'est creusé entre les Galles et ils ont de moins en moins envie de jouer la comédie.

En public, Charles ignore ostensiblement Diana. Quant à la princesse, elle se plaint amèrement du traitement qu'on lui fait subir à la Cour. Ingénieuse, Diana déploie des trésors d'inventivité pour ne pas être obligée d'accompagner son mari lors des engagements officiels. A la mort de Lord Spencer, le père de Diana, la princesse est en famille en Autriche. Charles veut l'accompagner en Angleterre, mais Diana s'y oppose fermement : elle estime qu'il est trop tard pour commencer à jouer la fiction du gentil mari. Charles insiste, Diana se braque… Il faudra recourir à l'arbitrage de la reine pour que le couple finisse par entreprendre le voyage ensemble.

Comme dans tous les ménages qui se déchirent, chacun compte ses alliés. Diana s'appuie sur ses fidèles : Carolyn Bartholomew, Catherine Saomes, Lucia Flecha de Lima, ou encore sa chère sœur Jane. De son côté, Charles fréquente volontiers Laurens van den Post, Hugh et Emilie van Cutsem, Susan Hussey et bien sûr, l'incontournable Camilla.

Même si elle n'a rien d'une solitaire, Diana préfère rester seule à Kensington en redoutant le moment où Charles rentrera à la maison. C'est plus fort qu'elle, la présence du prince lui devient terriblement oppressante. Détail significatif, les deux époux vont jusqu'à changer de papier à lettre en remplaçant le « C » et le « D » entrelacés par deux versions différentes marquées l'une d'un « C » et l'autre d'un « D ».

Diana affirmera que son mariage n'était plus qu'une fiction depuis la naissance de Harry.

La séparation du duc et de la duchesse d'York n'arrange pas les choses. Sarah est restée une amie et elle a partagé de nombreuses confidences avec Diana. La princesse est de plus

en plus clairement confrontée à l'impossible éventualité. Mais la route vers la liberté lui paraît longue, d'autant plus qu'elle redoute de perdre le contact quotidien avec ses deux fils.

Les enfants sont au centre de cette guerre froide et Diana ne manque pas une occasion de répéter qu'elle est la mère des enfants de Charles et du futur héritier du trône. Cette maternité revendiquée comme une arme absolue est à la fois sa plus grande force, mais aussi sa terrible faiblesse. Quant à William et Harry, ils ne sont pas encore conscients d'être les premiers enjeux de la guerre qui se prépare.

Charles, un mauvais père ?

Parmi les nombreux malentendus qui ont mené le couple de Charles et Diana au bord de l'abîme, l'accident de William apparaît comme une étape décisive.

1991. Comme à son habitude, Diana déjeune avec une de ses amies dans son restaurant italien fétiche, le *San Lorenzo*. Tout d'un coup, son garde du corps surgit, le visage grave. Il lui annonce la terrible nouvelle : William vient d'avoir un accident ! Diana sent la terre se dérober sous ses pieds. Le prince a reçu un violent coup sur la tête alors qu'il jouait avec un camarade. Folle d'inquiétude, Diana sort du restaurant tandis que Charles, également prévenu, quitte leur résidence de Highgrove. William a été emmené à l'hôpital Royal Berkshire, mais les médecins conseillent un transfert vers l'hôpital des enfants malades de Great Ormond Street, en plein cœur de Londres.

Diana monte dans l'ambulance pour accompagner son fils. Elle tente de se rassurer en constatant que William n'a pas l'air de se sentir mal. Au contraire, le jeune prince plaisante même en lui racontant l'accident. Mais l'arrivée à l'hôpital lui réserve une nouvelle douche froide : les médecins lui apprennent que William souffre d'un traumatisme crânien qui nécessite une opération sous anesthésie générale. Le corps médical ne cache pas que l'opération est délicate tout en affirmant que les risques sont limités. Face au diagnostic qu'il juge rassurant, Charles respire et décide d'honorer une obligation officielle à Covent Garden. Diana n'en croit pas ses oreilles. Elle choisit de rester à l'hôpital et vivra chaque minute de l'opération comme un interminable cauchemar.

Le scandale éclate, les médias commentent l'attitude de Charles. En même temps, les nouvelles concernant l'état de William redeviennent inquiétantes. Certains spécialistes interviewés expliquent que le prince court le risque de subir des crises d'épilepsie. La princesse est inquiète concernant la santé de son fils, mais elle découvre sans déplaisir les jugements sans appel des tabloïds qui condamnent le comportement de son époux. Outré,

The Sun va jusqu'à titrer : « Quel père êtes-vous donc ? » La réprobation est unanime alors que Diana apparaît comme une mère irréprochable, attentive à la détresse de son enfant.

La vérité est que deux raisonnements s'opposent. D'un côté, la logique de Charles liée à une éducation stricte qui lui a appris à ne pas faiblir dans l'exercice de son devoir. De l'autre, le comportement de Diana qui obéit à son intuition et à ses sentiments. Le conflit grandit au point que l'opinion compte les points dans la nouvelle joute qui oppose les époux. Charles se défend en affirmant que Diana a exagéré la gravité de la blessure. Diana rétorque en expliquant que le comportement de son mari ne l'a pas étonnée. Après tout, n'a-t-il pas toujours eu une pierre à la place du cœur ?

Le prince Charles et ses deux fils, William et Harry, en 1989 à Kensington palace.

Le choc indien

Quand elle entreprend son voyage indien, Diana sait que son mariage est définitivement mort. Toutefois, malgré les blessures et le poids des ressentiments, elle doit encore faire le deuil de son union. Le monde entier suit les étapes de cette visite en retenant son souffle : comment Diana va-t-elle négocier les conditions de sa nouvelle vie ?

Erigé en 1649 à Agra par l'empereur mongol Shah Jahan à la mémoire de son épouse préférée, le mausolée du Taj Mahal apparaît comme un chef-d'œuvre de l'architecture mondiale. Des centaines de touristes prennent quotidiennement la pose devant cette dentelle de pierres blanches. Pour Diana, la photo revêt une importance toute particulière : elle aura la valeur d'un symbole. Perfectionniste, la princesse prend le temps de composer le cliché. Il n'y a personne derrière elle, seulement la stricte ordonnance verte des jardins orientaux et l'imposante silhouette blanche du mausolée. Diana prend place sur le petit banc de pierre, très précisément en son centre. La silhouette de Diana se place exactement dans l'axe du faîte de la coupole, de la pointe de l'arcade, de la fenêtre et de la porte du Taj Mahal. A peine prise, la photo est déjà entrée dans la légende. Elle deviendra la photo officielle de la rupture.

Pour Diana, une nouvelle vie vient de commencer. Elle veut connaître de l'Inde autre chose que les façades ouvragées de ses palais et les ors des palaces. Elle part à la rencontre des pauvres dans les hospices de l'ordre des Missionnaires de la Charité de Mère Teresa. Elle visite les malades, humecte délicatement les lèvres sèches, prend les mains d'un homme qui souffre et réconforte un petit garçon. Certes, les photographes sont toujours à proximité pour fixer ces scènes de compassion d'une professionnelle de l'image, mais Diana n'a jamais paru plus proche des humbles et de ceux qui souffrent. Avec courage et naturel, elle sourit et rend leur dignité à ceux qui n'ont plus rien qu'un souffle de vie.

Pendant ce voyage, la princesse n'est pas avare de sourires. Son message est clair, la rupture n'est pas triste. Au contraire, elle marque pour Diana le début d'une nouvelle vie. Elle sera faite d'écoute, d'entraide et de partage. Clairement, elle sera l'anti-Charles en ne suivant pas l'exemple des Windsor qui jugent vulgaire d'exposer ses sentiments en public. Contrairement à la reine, Diana ne porte pas de gants lorsqu'elle serre la main des

Si le voyage de Diana en Inde est une nouvelle occasion de parfaire son image médiatique, la jeune femme ne s'investit pas moins auprès de ceux qui en ont besoin.

gens. A l'inverse de Charles, elle ne pratique pas l'humour *so british* qui glace ses interlocuteurs. Elle veille aussi à rester parfaitement élégante et définitivement glamour, même lorsqu'elle est confrontée à des exemples d'extrême pauvreté.

En Inde, la nouvelle Diana est née. Elle ne doit plus rien à Charles ni à sa mère, mais lorsqu'ils découvrent ces photos, ses fans ne peuvent s'empêcher de penser que la princesse solitaire entame une nouvelle partie de bras de fer avec Buckingham Palace.

Le trop séduisant major Hewitt

Parmi les chevaliers servants de Diana, le fringuant James Hewitt a marqué les esprits… et alimenté toutes les rumeurs.

Plus encore que des attaques de ses ennemis, Diana souffre des trahisons de ses amis ou pire, de ses amants. Malgré l'échec de son mariage, la princesse de Galles reste une femme qui aime l'amour comme les héroïnes des romans à l'eau de rose de sa jeunesse. Avec naïveté et fraîcheur, elle se lance dans des romances qui débouchent le plus souvent sur de cruelles désillusions.

James Hewitt apparaît comme un des amants les plus célèbres de la princesse. Le fringant commandant au physique très anglais a su toucher le cœur de Diana. Pour lui, elle décide même de se remettre à l'équitation et suit avec régularité les leçons matinales de son beau militaire qui tournent rapidement aux rendez-vous galants.

Diana rayonne. La princesse est tellement heureuse qu'elle offre à son partenaire de nombreux cadeaux de valeur : épingle de cravate sertie de diamants, réveil en or, vêtements de marque, chaussures de gentleman… rien n'est trop beau pour gâter le séduisant commandant. James Hewitt apparaît comme le parfait prototype du gentleman de la *gentry*. Le jeune homme est un as du polo et son sens de l'humour fait mouche, principalement auprès des femmes qui ne peuvent rien lui refuser.

Au fil des semaines, Diana devient tellement intime avec son chevalier servant qu'elle est invitée à se rendre dans la maison familiale des Hewitt dans le Devon. Là-bas, loin de la Cour, la princesse se sent enfin libre.

Hewitt lui apparaît comme le plus fiable des compagnons et quand la tristesse la submerge, elle n'hésite pas à s'épancher dans ses bras. Diana a déjà été trahie, mais elle ne peut imaginer que Hewitt lui plantera un poignard dans le dos. Elle apprend pourtant un jour que le commandant serait sur le point de vendre leur histoire à un tabloïd généreux en quête de scoops princiers. Diana le questionne au téléphone, tout ceci ne doit être qu'un ramassis de rumeurs malveillantes, non ? Hewitt paraît gêné et nie avec maladresse. Quelques jours plus tard, c'est Malcolm Leete, l'ancien valet de chambre du commandant, qui vend son histoire. La *love story* de Diana et du commandant fait la une des journaux populaires. Dès lors, le mystérieux Hewitt entre dans le domaine public et

L'éloignement de Charles pousse Diana dans les bras de James Hewitt… qui trahira sa confiance.

les rumeurs les plus farfelues commencent à circuler. La moindre ne sera pas la paternité d'Harry qui reviendrait au commandant.

Après tout, le fils cadet de la princesse et son amant ne sont-ils pas tous les deux roux et sportifs ? Le bruit a continué à courir même si les proches de Diana ont démenti ces allégations… Et James Hewitt reste à jamais lié à l'une des plus amères déconvenues sentimentales de Diana.

Une princesse amoureuse

Toute sa vie, Diana a cru au prince charmant. Quel paradoxe ! S'il devait bien y avoir une personne au monde pour ne plus croire aux contes de fées, cela devrait être Diana. Et pourtant, la jeune femme ne renoncera jamais à ses rêves de jeune fille. Désemparée et égarée dans son désert sentimental, la princesse ne demande qu'à être amoureuse.

En 1989, le cœur de Diana bat pour James Gilbey. L'homme appartient à la grande dynastie des producteurs de gin et possède le rare talent de savoir écouter les femmes. Pour ne rien gâcher, il a été doté par la nature d'un physique avenant. Diana est amoureuse au point de perdre toute prudence.

La ligne privée de sa chambre est sous écoute et ses conversations avec le beau James sont révélées au grand public. L'homme l'appelle « chérie » et « Squidgey », tandis qu'elle lui susurre qu'il est la personne la plus gentille au monde. Les amants parlent de masturbation et Diana va jusqu'à confier son appréhension de tomber enceinte.

Le fameux Gilbey a succédé au major Hewitt dans le cœur de la princesse et les photographes sont déjà sur les dents. En octobre, les paparazzi la mitraillent sortant du studio que loue Gilbey à Knightsbridge. Accusée d'infidélité, Diana se défend en affirmant qu'ils n'avaient fait que jouer au bridge, mais personne ne la croit.

A cette époque, il s'agit encore de feindre un bonheur sans tache. La fiction est d'ores et déjà manifeste, mais on ne badine pas avec les amours royales. Diana a compris que ses affaires de cœur ont désormais accédé au rang d'affaires d'Etat. Le problème tient, une fois de plus, à l'ambiguïté de ses rapports avec les médias. A cette période de sa vie, la princesse tente encore de préserver les apparences. Elle sait depuis longtemps que son mariage avec Charles est un échec, mais elle n'est pas encore prête à tirer un trait sur son statut et ses prérogatives princières. En d'autres termes, Diana veut vivre ses histoires d'amour, mais dans la discrétion la plus complète. Mission impossible !

Traquée par les paparazzi comme par certains proches, le moindre déplacement de Diana fait les choux gras de la presse. Quant à ses aventures…

En 1990, si le cœur de Diana bat pour James Gilbey, elle n'est pas encore prête à abandonner ses prérogatives.

Malgré sa position, la jeune femme n'est pas de taille à lutter contre tous ceux qui veulent le confondre : ses adversaires au palais, les traqueurs d'infos graveleuses et surtout, contre ceux qui font mine de lui être fidèles mais qui sont toujours prêts à monnayer au prix fort quelques confessions très intimes. La princesse est prise au piège d'un *Big Brother* (version anglaise du *Loft*) avant la lettre sans la moindre possibilité de quitter le palais truffé de caméras.

La femme amoureuse va avoir fort à faire pour réussir à tromper la vigilance de ses geôliers… à moins qu'elle ne décide de quitter le jeu dans lequel elle s'est imprudemment engagée.

Confession cathodique

Incroyable ! Une princesse se livre aux téléspectateurs à une heure de grande écoute. Jamais Diana n'a mieux contrôlé son image.

Des demandes d'interview, Diana en a refusé beaucoup au fil des années. Mais en 1995, la princesse décide d'accorder sa confiance au journaliste Martin Bashir. Des caméras de l'émission *Panorama* de la BBC ont discrètement été placées au palais de Kensington.

Au total, l'interview va durer trois heures dont on tirera cinquante-cinq minutes « utiles ». Certes, Diana est préparée, elle connaît les questions et elle a minutieusement répété les réponses. Néanmoins, l'épreuve lui paraît éprouvante et à plusieurs reprises, la princesse interrompt l'entretien pour se reprendre.

Le secret autour de l'interview a été bien gardé, ce qui peut paraître étonnant dans un milieu où les fuites les plus futiles se négocient à prix d'or. Au total, plus de vingt millions de téléspectateurs vont suivre le programme diffusé sur BBC I à 21h40. Les membres de la famille royale font bien évidemment partie de cette audience record. La reine n'en croit pas ses oreilles… Cette diablesse de Diana est donc prête à tout pour parvenir à ses fins !

> *« J'aimerais être la reine dans le cœur des gens, mais je ne me vois pas devenir la reine de ce pays. »*

Les conseillers en communication qui suivent l'émission ne tarissent pas d'éloge, la princesse est parfaite au point d'apparaître comme une véritable professionnelle de l'image. Diana manie à la perfection l'art de la confidence, elle apprivoise l'œil de la caméra et pose sa voix avec sensibilité… Quant à ses regards, ils en disent parfois plus long que de grands discours.

Certaines phrases deviennent culte et feront le tour de la planète. Au sujet de Charles et Camilla, elle dit : « Nous étions trois dans ce mariage. Cela faisait un peu trop de monde. » Parlant de sa boulimie : « C'est une maladie secrète que vous vous imposez à vous-même. » Elle ne fait pas mystère de sa vie intime et évoque l'épisode James Hewitt : « Je l'aimais, je l'adorais à un moment où j'étais très seule. » Intrépide, Diana va jusqu'à évoquer ses tentatives de suicide et sa dépression : « Je me suis volontaire-

L'interview de Diana retransmise par l'émission *Panorama* durant l'hiver 1995 montre une princesse émue, sincère et très professionnelle.

ment blessée aux bras et aux jambes. » Cerise empoisonnée sur le gâteau royal, Diana met en cause le fonctionnement de l'institution royale et les aptitudes de son époux : « Aussi astreignante que soit la fonction de prince de Galles, elle laisse quand même une certaine liberté personnelle, alors qu'être roi est une charge écrasante. Je connais bien le personnage, et je ne suis pas certaine qu'il pourrait s'adapter aux impératifs de ce lourd fardeau. » Elle ajoute : « Je pense quand même qu'il faudrait changer certaines choses pour dissiper cette inquiétude et améliorer les relations entre la royauté et le peuple, faire en sorte qu'il y ait davantage de contact et de compréhension entre les deux. Je ne critique pas la monarchie en place, je rapporte seulement ce que j'entends tous les jours dans le travail que j'ai choisi d'assumer. »

Si elle devait encore en douter, la famille Windsor en est à présent convaincue, Diana la battante ne compte ni se taire ni s'effacer discrètement du paysage royal.

La haine cordiale

On a rarement vu un couple plus mal assorti que Charles et Diana. Dès le début de leur union, ils ne partagent aucun point commun, pas le moindre hobby, pas l'ombre d'une passion, pas d'amis et peu d'amour physique.

La théorie de Charles selon laquelle l'amour n'est pas nécessaire dans le mariage et qu'il s'installe plus tard comme le fruit d'une longue complicité ne se vérifie pas dans les faits. Dans un premier temps, les époux terribles se contentent de se faire la

Diana en est venue à haïr Charles.
Au fil des ans, les griefs se sont accumulés.

tête avec plus ou moins de discrétion. Mais rapidement, les rancunes s'expriment de manière plus sonore.

Le prince de Galles déteste que son épouse l'éclipse lorsqu'ils paraissent en public. De son côté, Diana ne supporte plus que Charles la rabaisse quand ils sont en privé. Charles la considère comme une mère poule excessivement sentimentale. La princesse est folle de ses enfants et va jusqu'à qualifier William de prince « beau à tomber par terre »... Ses fils sont sa plus belle réussite et elle ne veut pas qu'ils connaissent un jour les épreuves qu'elle traverse. En revanche, Diana juge Charles comme un mauvais père, uniquement guidé par ses propres intérêts. Elle le considère comme un homme froid et rigide, produit emblématique d'une éducation royale ne laissant aucune place aux sentiments et à la spontanéité.

Confronté à un véritable casse-tête, l'entourage des Galles fait tout pour manager deux agendas différents qui n'offrent que peu de possibilités aux époux de se croiser. Tout au plus participent-ils ensemble aux visites officielles et encore, ils ne font plus aucun effort pour entretenir l'illusion d'une complicité depuis longtemps disparue.

Leur antipathie est devenue tellement manifeste que leurs proches s'inquiètent. Il s'en faudrait de peu pour que la violence ne prenne le dessus.

La seule issue pour le couple est d'établir une distance géographique entre eux, mais les choses ne sont pas aussi simples. Diana ne veut pas seulement conquérir sa liberté, elle rêve aussi de faire du mal à Charles. La princesse rumine patiemment sa vengeance et ne recule pas devant la mesquinerie si elle veut parvenir au but qu'elle s'est fixé. De son côté, le prince de Galles aimerait, pour une fois, ne pas jouer seulement le mauvais rôle. Diana n'est pas la sainte qu'elle prétend être et son époux est déterminé à le faire savoir aux yeux de tous. Pour l'heure, le combat se livre encore en coulisses. Bientôt, le monde entier sera aux premières loges d'une guerre sans pitié. A côté de la Guerre des Galles, *La Guerre des Rose* fait figure d'aimable bluette...

Seuls William et Harry réunissent encore le prince et la princesse de Galles.

4

La séparation

L'Annus Horribilis

Jamais Sa Très Gracieuse Majesté Elizabeth II n'aurait imaginé la violence qui accompagne la guerre opposant Charles et Diana. Le point d'orgue de cette offensive coïncide avec la parution de l'ouvrage d'Andrew Morton consacré à Diana. La biographie est trop précise pour ne pas avoir été alimentée par les confidences de la princesse.

Le public découvre une princesse isolée et meurtrie qui a tenté à plusieurs reprises de mettre fin à ses jours. Il condamne un prince de Galles au cœur de pierre qui n'a jamais cessé d'aimer la sulfureuse Camilla.

A l'origine, Morton planchait pourtant sur un ouvrage consacré aux secrets de beauté de la princesse. Mais au fil des interviews des amies de Diana, le journaliste prend la décision de donner une nouvelle orientation à son projet. L'innocent ouvrage va se transformer en redoutable brûlot. Quand paraît *Diana, her true story*, c'est tout l'édifice de la monarchie britannique qui tremble sur ses fondations.

Plus que jamais, la princesse se place en ligne de mire de toutes les attentions. Quand la foule lui lance « on vous aime », la princesse fond en sanglots. Sa détresse n'est plus un secret pour personne. La jeune femme caracole en tête de tous les sondages de popularité et des listes de vente de best-sellers.

Dès lors, les langues se délient. Le valet de chambre de Charles raconte les subterfuges de son maître pour faire croire à Diana qu'il passe la soirée à la maison. Une fois de plus, la princesse apparaît comme l'innocente victime d'un complot du mensonge qui la détruit peu à peu.

Novembre 1992 : le *Time* met les divisions de la famille royale à la une et s'interroge sur sa raison d'être.

L'incendie du château de Windsor, le 20 novembre 1992, touchera plus de cent salles.

Diana est déterminée à obtenir la séparation, mais la reine tente de la raisonner. Pour le bien des enfants, il serait opportun de ne pas en arriver à cette extrémité. Pendant ce temps, c'est au tour de Charles de fourbir ses armes. Il livre sa version de leur vie de couple en dépeignant son épouse comme une femme instable aux penchants hystériques. Dès lors, les journalistes prennent le parti de Charles. La guerre vire au sordide. La mort dans l'âme, Elizabeth est contrainte de déposer les armes. Diana prévient William et Harry de sa décision. D'un point de vue plus officiel, c'est le Premier ministre John Major qui se voit confier la pénible mission d'annoncer la nouvelle au pays.

L'expression ne brille pas par sa modernité. Elle illustre pourtant l'état d'esprit de la reine Elizabeth en cette fin d'année 1992.

La reine est profondément affectée par cette catastrophe conjugale quand survient l'incendie du château de Windsor. Neuf salles sont dévastées et beaucoup voient dans cet accident l'incarnation de la chute de la maison Windsor. La voie étreinte par l'émotion, Elizabeth parle d'*Annus Horribilis*. De son côté, Diana respire… Elle est à bout de souffle, mais elle a enfin conquis sa liberté.

5 En quête d'une nouvelle vie

En 1996, Diana et Charles divorcent.
La jeune femme ne sera jamais reine d'Angleterre.
Mais elle se découvre princesse des cœurs,
et s'investit sans compter dans ce qui lui est cher :
l'éducation de ses enfants et la défense
des plus démunis. Diana a trouvé sa voie.

William, le petit ange ?

Vue du côté de la Cour, la naissance de William représente l'apothéose de Diana en sa qualité de princesse de Galles « respectable ». La première chose que l'on attend d'une future reine est de donner un futur roi au pays et sur ce plan, Diana réussit d'emblée un coup de maître. Le bébé est beau et en plus, il a le bon goût d'être un garçon. Que demander de plus ?

A l'époque, le peuple ignore encore tout des tentatives de suicide de la princesse, de ses disputes avec Charles et de ses troubles alimentaires. Diana est la jolie et gentille princesse dont le sourire éclatant est reproduit à des centaines de milliers d'exemplaires sur les couvertures des magazines. En accédant au rôle de mère, Diana devient aussi véritablement femme. Elle trouve une authentique raison de vivre et se prend d'amour pour ce fils au point, peut-être, de découvrir la signification profonde du verbe aimer.

Il faut avouer que William réunit tous les atouts d'un petit garçon appelé à devenir le parfait héritier d'une Couronne qui aspire à un peu de jeunesse. D'une part, il ressemble beaucoup à sa mère, ce qui fait de lui un des petits princes les plus charmants du gotha. D'autre part, il paraît beaucoup plus réfléchi et ses goûts semblent dynastico-compatibles avec les exigences des Windsor. Au grand désespoir de Diana, William se passionne par exemple très tôt pour la chasse.

Hélas, William connaît le triste destin des enfants tiraillés entre deux parents qui se déchirent. Diana est prête à composer pour ne pas révéler au grand public la véritable situation de la famille, mais elle n'accepte pas de transiger à l'égard de son fils qu'elle adore : elle lui voue

Pression maximale pour le prince William, peu après le divorce de ses parents et la crise monarchique qu'il a engendré.

Beaucoup ont vu en William une copie conforme de Diana version raisonnable…

Diana et William à Kensington palace, en 1983.

une véritable admiration. Elle veut le meilleur pour lui, soit le confort que lui procure sa position, mais aussi la liberté à laquelle ne peuvent prétendre les autres membres de la famille royale. Chose assez rare pour une maman, Diana ne manque pas une occasion de répéter à son fils qu'il est le plus beau. L'admiration prend des allures de vénération, mais William ne se laisse pas tourner la tête. Il possède un sens aigu des responsabilités qui le fait rapidement pénétrer dans le monde des adultes.

Même si ses proches tentent de le préserver, le fils aîné des Galles suit la détérioration des rapports de son père et sa mère à travers les titres des journaux et les bulletins d'informations à la télévision. William doit subir les accusations qui touchent sa mère et celles qui dénigrent son père. Certains vont jusqu'à affirmer que Charles ne sera jamais roi et que William doit se préparer d'ores et déjà à monter sur le trône à la mort de sa grand-mère. Les journalistes se soucient peu des effets ravageurs de cette guerre médiatique sur un jeune garçon.

Très jeune, le futur Guillaume IV apparaît comme une pièce maîtresse de l'échiquier royal. Mais il ignore encore s'il fera échec au futur roi, prendra la place de la reine ou s'il pourra prudemment rester en seconde ligne.

Harry, le bon petit diable

Quand il découvre son second fils, Charles fait la moue. Il n'apprécie pas d'avoir un garçon roux et il ne se prive pas de le dire. Harry est encore bien petit pour comprendre la déception de son père. Diana est furieuse de l'accueil que son époux réserve à son nouveau bébé.

Charles apprend à aimer ce fils qu'il sent tellement différent de son frère aîné. Mais Diana ne change pas d'avis et juge que son époux n'a pas l'étoffe d'un bon père. Harry connaît la même jeunesse que William, constamment pris entre les deux feux d'un couple qui se déchire avec de plus en plus de violence.

Mais la comparaison s'arrête là. Harry n'a pas le caractère de William. Le petit garçon s'avère rapidement être un véritable diable. Quand il se trouve face à une haie de photographes, il n'hésite pas à leur tirer la langue ou à leur offrir un festival de grimaces. Diana sourit et parfois même, elle rit franchement. Un enfant peut quelquefois être plus honnête qu'un adulte toujours obligé de dissimuler ses sentiments pour préserver les apparences. Après tout, peut-être a-t-elle envie, elle aussi, de tirer la langue aux photographes !

William regarde son frère avec étonnement et une pointe d'envie. Prince ou pas, Harry ne compte pas se laisser faire et son naturel peu

Diana et Harry en 1986.

Dès sa naissance, Harry doit faire face à la rumeur.

Harry, digne héritier de sa mère, en Afrique du Sud en 2006 pour raisons humanitaires.

soucieux du qu'en dira-t-on tranche avec l'allure compassée des autres locataires du balcon royal.

Au fur et à mesure que la presse révèle les dessous de la vie sentimentale de Charles et Diana, les rumeurs se mettent à courir à travers le royaume. Et si Charles avait eu raison de s'inquiéter de la couleur rousse de son cadet ? Pourquoi William et Harry ont-ils deux profils aussi dissemblables, pas seulement au niveau physique, mais aussi en terme de caractère ? Certains vont même jusqu'à pointer le nez en trompette de Harry pour faire planer les doutes sur la paternité de Charles. Lorsque la romance avec James Hewitt est révélée au grand public, les langues se délient encore plus. Une fois de plus, la famille royale fait le gros dos en espérant que l'orage passe.

Quand surviendra la mort de Diana, Charles fera taire toutes les rumeurs en prenant ses deux fils sous son aile.

Pour Harry cependant, le mal était fait. Profondément ébranlé par sa jeunesse chaotique, le poids des soupçons, les conflits de ses parents et la mort de sa mère, il aura beaucoup de peine à se reconstruire. Diana savait à quel point son petit diable était fragile et influençable. Elle devait sentir bouillir en lui l'âme rebelle qui était aussi la sienne.

5

En quête d'une nouvelle vie

Paul Burrell, dévoué et arriviste

Nul ne doute que Burrell ait été un fidèle appui de la princesse de Galles. Il a longtemps fréquenté l'intimité des Galles en travaillant à Kensington palace entre 1993 et 1997. Pour autant, si le *butler* fut à la hauteur de sa tâche qui lui était assignée, il a singulièrement manqué d'élégance dans l'utilisation de ses souvenirs.

L'homme commence par publier *A Royal Duty* qui le propulse au premier rang des auteurs de best-seller. Dès lors, l'ancien confident discret se transforme en aspirant people prêt à tout pour grappiller quelques points supplémentaires de célébrité. En 2004, il participe au show de télé réalité *Je suis une célébrité, sortez-moi de là !*. Parmi les faits d'armes du majordome, les téléspectateurs se souviennent de la séquence où il devait déguster un testicule de kangourou.

Néanmoins, le grand public n'apprécie guère le personnage qui utilise sans vergogne sa proximité avec la famille royale pour faire du business. L'année suivante, il poursuit sa « carrière » télévisuelle en participant à un show populaire de Channel Five, puis publie un ouvrage de savoir-vivre royal sobrement intitulé *Royal Manner*. La vérité est que Burrell est fasciné par la gloire médiatique comme un papillon de nuit virevoltant autour d'une lampe d'extérieur. Sans vergogne, il est prêt à tout pour être vu.

> *Personnalité décriée, le majordome de Diana a fait de sa proximité avec la princesse un juteux fonds de commerce.*

Conscient que la mémoire de Diana reste son plus juteux business, il en remet une couche en publiant quelques années plus tard *The way we are*, un nouveau recueil de confidences traduit en français sous le titre de *Nos plus belles années*. Dans son dernier ouvrage, le décidément très peu discret Burrell raconte son quotidien avec Diana et reproduit des épisodes connus de la vie de la princesse. Histoire d'en remettre une couche dans le sensationnalisme, il explique son rôle en 1997 où, envoyé de Londres, il doit soigner la dépouille de Diana en lui apportant des vêtements propres. En guise de « cherry on the cake », il lâche une nouvelle bombe en affirmant que la princesse lui avait donné une lettre dans laquelle elle exprimait ses craintes de faire l'objet d'un complot. Elle craignait être la victime d'un terrible accident

de voiture qui provoquerait un traumatisme crânien et laisserait la voie libre à Charles pour se remarier. A chacun de juger la véracité des dires du loquace majordome…

Parallèlement, Burrell soigne son site Internet sur lequel il présente nombre de photos de sa vie en tournée médiatique, en apprenti people-star, en confident de Diana, sans oublier de faire la promotion de ses dernières nouveautés éditoriales…

Personnage hautement controversé, Burrell a entamé le peu de crédit dont il bénéficiait auprès de l'opinion publique et il n'a pas rendu justice à la princesse en multipliant les confessions plus ou moins explosives. Mais les morts peuvent difficilement se défendre de l'exploitation de leur mémoire…

La guerre contre le sida

En 1984, Diana serre la main d'un malade du sida. Aujourd'hui, le geste peut paraître anodin, mais à l'époque, il marque l'opinion. La princesse a compris que la priorité dans la lutte contre la maladie consiste à briser les tabous et à sortir les malades de l'isolement.

En s'engageant dans ce nouveau combat, nul doute que Diana ait choqué une partie de l'entourage royal. Elle accomplit une authentique révolution des mentalités et en l'occurrence, sa facilité de communication fait des merveilles.

Le sida est lié au sexe, à l'homosexualité et à la drogue. Difficile de véhiculer une image plus sulfureuse que cette maladie tabou. Diana refuse les préjugés et considère les malades comme des êtres humains qui souffrent et qui méritent toute son attention. Naturellement proche des milieux artistiques, elle a connu des malades dans son cercle d'amis et cette cause la sensibilise plus que tout autre.

Son action dépasse la poignée de main symbolique et princière devant les photographes. Elle rend de fréquentes visites aux malades et les accompagne parfois même jusqu'à la fin de leur vie. La princesse ne craint pas la mort, cela fait trop longtemps qu'elle flirte avec l'idée de tourner le dos à la vie. Elle ne baisse pas les yeux face au regard de celui qui voit la fin en face. Les professionnels de la santé rendent un hommage public à son action. Entre autres initiatives, la maison de London Lighthouse

Diana à London Lighthouse, en 1996.

En 1997, Diana expose ses robes pour promouvoir sa lutte contre le sida.

destinée aux malades lui est particulièrement chère. Elle s'y rend en pleine nuit, en toute discrétion. Ces visites sont à mille lieues des obligations officielles où chaque rencontre est soigneusement minutée et préparée. Confrontée à la détresse humaine, Diana improvise et prend son temps. Elle privilégie le dialogue et parle d'égal à égal avec ceux auxquels elle veut apporter un dernier réconfort. Diana se sent-elle proche de ses parias, elle-même isolée au sein du clan Windsor ? Il y aurait de quoi développer de longues analyses psychologiques sur son comportement, mais après tout, peu importe les raisons profondes et seul compte le résultat.

En partant en croisade contre le sida, Diana veut avant tout changer les mentalités.

L'action de la princesse consiste non seulement à médiatiser le combat contre le sida et à apporter un réconfort personnel, mais elle entend aussi financer la recherche. A la fin de sa vie, Diana verse près de six millions de dollars obtenus de la vente de ses robes à des organismes qui combattent le terrible virus. Quand elle disparaîtra, la lutte contre le sida perdra sa plus précieuse alliée.

5

En quête d'une nouvelle vie

L'ultime bataille contre les mines antipersonnelles

Le monde est en guerre. Grâce à sa position de princesse, Diana a appris à connaître les drames militaires liés aux conflits, mais elle sait aussi que ce sont souvent les civils qui finissent par en payer le prix fort.

Afrique, Asie… Sur les anciens champs de bataille sont dissimulées des centaines de milliers de « saloperies » qui portent le nom de mines antipersonnelles. Derrière ce terme un peu technique, il y a surtout de nombreuses vies qui basculent d'un moment à l'autre. L'humble paysan qui se rend à son champ peut perdre la vie en posant un pied sur une de ces mines. Même chose pour un enfant revenant de l'école ou une femme marchant vers le puit pour abreuver sa famille. Toutes les victimes de cette odieuse pratique de guerre ne meurent pas toujours, au contraire. La plupart se retrouve atrocement mutilée et forme la dérisoire cohorte des victimes collatérales de conflits quelquefois oubliés depuis longtemps.

Diana est sensibilisée à cette cause méconnue et reprend son bâton de pèlerin. Accompagnée d'une meute de photographes, elle se rend sur place et porte une combinaison de démineur. L'image de la princesse – d'ordinaire assimilée à une icône glamour – casquée et portant un détecteur fait le tour du monde. D'autres clichés la montrent auprès des mutilés avec lesquels elle engage des conversations spontanées. Une fois de plus, le sens du contact de Diana fait merveille. Son empathie est manifeste et elle la met au service des combats qui, à ses yeux, en valent la peine. Face aux blessés de la vie, elle sait toujours trouver les mots justes.

Une des dernières luttes de Diana ouvre les yeux du monde sur un drame ignoré.

Cette lutte prouve aussi que Diana peut s'investir dans des causes offrant un retentissement véritablement international. Elle tient ses engagements et s'impose comme la princesse des cœurs, réussissant à trouver une place dans le team royal, même si elle n'en fait plus officiellement partie. Si elle avait vécu, Diana aurait probablement accompagné d'autres combats dans le monde. Sur ce plan au moins, elle avait enfin trouvé la voie qu'elle voulait suivre.

Diana en Angola en 1997.

BRITISH
RED CROSS
THE
HALO
TRUST

L'appel de l'Orient

Le job de princesse de Galles a quand même du bon : il permet au moins de voir du pays ! Bien sûr, elle a conscience qu'elle le découvre à travers la lorgnette royale au prisme très déformant, mais ces visites lui permettent aussi de partir à la rencontre des populations et d'appréhender certaines de leurs détresses.

Au fil de ses périples, la princesse s'aperçoit qu'elle est particulièrement sensible aux contrastes de l'Orient. Ici, il n'est plus question de la froideur conventionnelle qu'elle reproche à l'Angleterre. Sur son passage, les foules accourent nombreuses, chamarrées et enthousiastes. Dans l'intimité, les hommes paraissent plus charmants, plus sensibles, plus sensuels et surtout, plus passionnés.

Diana ne peut pas encore mettre de nom ni de visage sur ces sentiments confus et forts qui se transformeront bientôt en histoires d'amour. C'est du côté du Pakistan que son cœur va chavirer, mais l'histoire commence en Angleterre. L'acupuncteur de la princesse vient de subir une opération au Royal Brompton Hospital. Diana va lui rendre visite et, à cette occasion, elle fait la rencontre du docteur Hasnat Khan. Le chirurgien pakistanais est intelligent et passionné par son métier. Il ne paraît pas fasciné par l'aura médiatique que dégage Diana. Mieux, il la regarde comme une femme et non comme une princesse. La princesse est troublée.

Diana fait partie de ces femmes qui veulent s'approprier l'univers entier d'un homme lorsqu'elles tombent amoureuses. La princesse n'aime pas seulement son « Mister Fabulous », comme elle l'appelle. Elle se passionne aussi pour sa langue, son métier et la culture de son peuple. Elle se met à porter des saris pakistanais et découvre même l'exubérance kitsch du cinéma « paki ».

Diana au Pakistan en 1997.

Pour Diana, l'Orient possède la saveur de la liberté.

Voyage officiel au Pakistan, 1991.

Diana est amoureuse comme elle ne l'a jamais été et bientôt, elle découvre que leur histoire n'est pas aussi simple qu'elle le croyait. Hasnat appartient à une famille très traditionnelle qui ne veut pas entendre parler d'un mariage avec une étrangère, fut-elle princesse. Diana se sent mal à l'aise et se montre excessivement jalouse. Elle se déclare prête à se convertir à l'islam et, en même temps, elle fait tout pour pousser l'homme qu'elle aime à la quitter.

Diana présente le chirurgien à ses fils et lui propose de venir vivre avec elle. Face à son refus, elle décide de tenter le tout pour le tout en rencontrant les parents d'Hasnat au Pakistan. Le médecin comprend qu'il n'est pas fait pour cette vie médiatique surexposée et il ne veut pas mêler sa famille à cette histoire. La mort dans l'âme, il finit par renoncer à leur relation. Diana est désemparée. Cette fois, elle a aimé et elle était sincèrement aimée. Et une fois de plus, il ne lui reste que cette insupportable sensation de gâchis et surtout la certitude de devoir toujours rester seule.

L'ex-épouse du prince de Galles

Diana et Charles sont officiellement séparés depuis le 9 décembre 1992. La princesse s'est partiellement retirée de la vie officielle, mais elle reste au cœur des préoccupations des médias qui la traquent dans sa nouvelle vie. Toujours paradoxale (ses ennemis diront instable), Diana – qui a pourtant tout fait pour hâter la séparation – recule au moment de sauter.

Cette fois, la reine ne veut plus de demi-mesures, les choses sont allées trop loin. Charles et Diana divorceront !

Dès lors, la situation des Galles s'apparente à celle de tous les couples qui brisent leur union devant les juges, à deux petits détails près : la médiatisation et les enjeux financiers. La princesse est bien décidée à faire payer à Charles le prix fort de leur naufrage matrimonial. Comme chaque fois qu'elle doit affronter l'ennemi, Diana menace. Elle compte émigrer et partir vivre avec ses enfants en Australie ! Pour ceux qui la connaissent bien, l'annonce paraît peu probable. La très sophistiquée princesse de Galles n'est pas le genre de femme à s'épanouir au pays des kangourous et des koalas… Et puis, cette option est d'autant plus invraisemblable que la reine peut parfaitement s'opposer à voir ses petits-fils quitter le territoire britannique.

La partie de bras de fer est éprouvante pour la souveraine qui a pourtant déjà été contrainte de gérer les divorces de sa sœur Margaret et de sa fille Anne… Mais cette fois, il s'agit du mariage de l'héritier de la Couronne et Diana se montre très gourmande, elle ne veut en aucun cas modifier son train de vie.

Pendant ce temps, les révélations continuent à faire la une de la presse. Charles reconnaît officiellement sa relation avec Camilla et charge autant qu'il le peut son

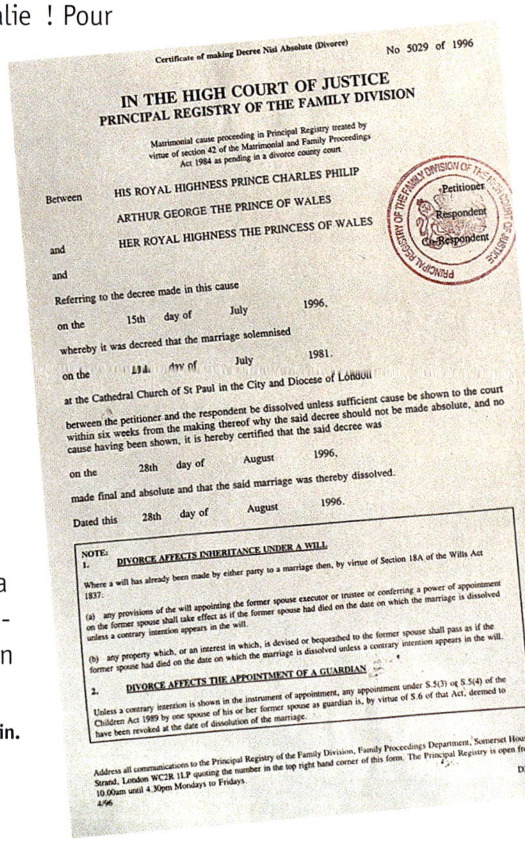

Certificate of making Decree Nisi Absolute (Divorce) No 5029 of 1996

IN THE HIGH COURT OF JUSTICE
PRINCIPAL REGISTRY OF THE FAMILY DIVISION

Matrimonial cause proceeding in Principal Registry treated by virtue of section 42 of the Matrimonial and Family Proceedings Act 1984 as pending in a divorce county court

Between HIS ROYAL HIGHNESS PRINCE CHARLES PHILIP ARTHUR GEORGE THE PRINCE OF WALES Petitioner

and HER ROYAL HIGHNESS THE PRINCESS OF WALES Respondent

and Co-Respondent

Referring to the decree made in this cause on the 15th day of July 1996,

whereby it was decreed that the marriage solemnised on the [illegible] day of July 1981,

at the Cathedral Church of St Paul in the City and Diocese of London

between the petitioner and the respondent be dissolved unless sufficient cause be shown to the court within six weeks from the making thereof why the said decree should not be made absolute, and no cause having been shown, it is hereby certified that the said decree was

on the 28th day of August 1996,

made final and absolute and that the said marriage was thereby dissolved.

Dated this 28th day of August 1996.

NOTE:
1. DIVORCE AFFECTS INHERITANCE UNDER A WILL

Where a will has already been made by either party to a marriage then, by virtue of Section 18A of the Wills Act 1837:

(a) any provisions of the will appointing the former spouse executor or trustee or conferring a power of appointment on the former spouse shall take effect as if the former spouse had died on the date on which the marriage is dissolved unless a contrary intention appears in the will.

(b) any property which, or an interest in which, is devised or bequeathed to the former spouse shall pass as if the former spouse had died on the date on which the marriage is dissolved unless a contrary intention appears in the will.

2. DIVORCE AFFECTS THE APPOINTMENT OF A GUARDIAN

Unless a contrary intention is shown in the instrument of appointment, any appointment under S.5(3) or S.5(4) of the Children Act 1989 by one spouse of his or her former spouse as guardian is, by virtue of S.6 of that Act, deemed to have been revoked at the date of dissolution of the marriage.

Address all communications to the Principal Registry of the Family Division, Family Proceedings Department, Somerset Hous[e] Strand, London WC2R 1LP quoting the number in the top right hand corner of this form. The Principal Registry is open fr[om] 10.00am until 4.30pm Mondays to Fridays.
4/96

Les papiers du divorce font de Diana une femme à nouveau libre de son destin.

Une fois séparé, le couple n'a plus d'autre option que le divorce. Avec toutes les conséquences d'une décision irréversible.

Diana le 28 août 1996, le jour de son divorce.

épouse. Les lecteurs des tabloïds ne savent plus où donner de la tête. Le feuilleton des Galles surpasse tous ce que les scénaristes les plus doués de séries télé pourraient imaginer.

Les termes du divorce sont discutés et acceptés par les deux parties. Diana gagne une confortable rente, son appartement de Kensington palace, la garde conjointe de ses enfants et la jouissance de ses bijoux. Elle conserve ses titres et fait encore partie de la famille royale. En revanche, elle perd son prédicat d'Altesse Royale auquel elle tient beaucoup. Autre volonté qu'elle n'arrive pas à imposer, elle ne deviendra pas la « super ambassadrice » de la Couronne qu'elle rêvait d'être. Elizabeth n'a aucune envie de voir son ex belle-fille jouer un rôle officiel de premier plan.

La reine estime qu'elle a assez lâché de lest et que Diana doit à présent faire preuve de bonne volonté. Mais comment pourrait-elle raisonnablement imaginer que la princesse de Galles serait prête à tirer un trait sur cette célébrité qu'elle affectionne et exècre à la fois ?

5

En quête d'une nouvelle vie

Diana contre-attaque

Il fut un temps où les épouses bien nées se consacraient à leurs œuvres de bienfaisance. Aujourd'hui, cette image d'Epinal de la dame patronnesse au chignon parfaitement soigné a pris du plomb dans l'aile. Pour autant, la charité reste l'apanage des princesses du gotha. Même divorcée, Diana entend bien jouer son rôle de princesse des cœurs qu'elle revendique haut et fort.

De son passé d'épouse du prince de Galles, la princesse a compris que sa seule présence suffisait à délier les bourses les plus récalcitrantes. Suivant l'exemple des grandes collectes de charité à la sauce américaine, Diana se consacrera aux œuvres qui lui tiennent le plus à cœur. Elle fera office de catalyseur de toutes les bonnes volontés. Pour rien au monde elle ne voudrait apparaître comme une riche princesse oisive à l'image de ce que furent jadis la duchesse de Windsor ou Margaret, la propre sœur d'Elizabeth II.

Malgré l'opposition de la reine, Diana est bien décidée à poursuivre son engagement humanitaire. Et s'il se trouve encore des cyniques pour affirmer que son engagement est aussi feint que superficiel, il suffit de la voir en action pour comprendre qu'il n'en est rien. La vérité est que la princesse réussit, une fois de plus, à concilier les deux faces apparemment antagonistes de son individu. Au fil des jours, Diana se montre à la fois compatissante et mondaine, concernée et superficielle, impliquée et changeante.

Une fois seule, déliée des obligations royales, la princesse de Galles entend bien croquer sa vie à pleines dents et ne plus composer en jouant un personnage qu'on a essayé de lui imposer. Elle sera désormais une mère attentive et libérée de l'emprise de son époux, une femme engagée dans les combats humanitaires qu'elle mène sans tenir compte des exigences de la Couronne et surtout, une femme amoureuse qui ne devra plus se cacher.

La princesse aura toujours besoin des journalistes pour médiatiser ses initiatives et à ce niveau, elle est prête à jouer le jeu des caméras et des flashs des reporters. Naïvement, elle s'est imaginé que les journalistes lui laisseront désormais plus de tranquillité sur le chapitre privé. Star parmi les stars, Diana ne pouvait en aucun cas prétendre à trouver la paix et la discrétion loin des objectifs des photographes.

Une fois divorcée, Diana veut se construire une nouvelle vie. C'est décidé : elle sera la princesse des cœurs.

SPECIAL ■ REPORT
TIME
DIANA,
PRINCESS OF WALES
1961-1997

6 L'élan brisé

31 août 1997 : au terme d'une course poursuite dans les rues de Paris pour échapper aux paparazzi, Diana rencontre son destin. Le monde et surtout l'Angleterre se réveillent orphelins de leur princesse. Stupeur, colère, chagrin… Les Britanniques contraignent la reine d'Angleterre à offrir un adieu royal à son ex belle-fille et deux milliards de téléspectateurs suivent les funérailles à la télévision.

Le dernier été de Dodi Al Fayed

La dernière *love affair* de Diana est loin de faire l'unanimité à la Cour. Une fois de plus, la princesse a réussi à bousculer les conventions. Mohamed Al Fayed est un homme haut en couleurs, un milliardaire flamboyant qui ne laisse personne indifférent. Propriétaire du *Ritz* parisien et du grand magasin *Harrod's* à Londres, il était aussi une vieille connaissance du père de Diana.

Al Fayed sent d'autant plus le soufre qu'il n'a jamais hésité à mentir sur sa vie pour parvenir à ses fins. A l'origine, il s'appelle d'ailleurs Mohamed Fayed, le « Al » flatteur ayant été ajouté par la suite. On l'accuse d'avoir été à l'origine d'un système de pots-de-vin destinés à corrompre les députés du parti conservateur. L'homme avance au culot et sa technique fonctionne à merveille, au point d'en faire un des hommes les plus riches du royaume. Son seul regret est de ne pas réussir à obtenir la nationalité britannique dont il rêve et que le gouvernement lui refuse avec obstination.

Diana témoigne de la sympathie envers cet étrange personnage. La princesse de Galles apprécie le luxe et décide de passer quelques jours de vacances dans sa propriété de Saint-Tropez. Cela ne fait que quelques mois que le divorce a été prononcé et Diana compte bien profiter de sa liberté toute neuve.

C'est là que la princesse récemment divorcée retrouve un homme qu'elle avait déjà croisé à de nombreuses reprises au cours de sa vie mondaine. Dodi Al Fayed est le fils chéri de son papa et passe pour être un incorrigible play-boy jet-setter. Plutôt

Dodi Al Fayed.

Eté 1997 : les paparazzi ne cesse d'espionner le couple et de faire des photos qui seront les dernières.

beau gosse, l'homme se situe aux antipodes de la froideur britannique de Charles, mais aussi du maintien militaire d'un James Hewitt et de la profondeur de Hasnat Khan. Diana veut s'amuser et tombe amoureuse de Dodi. Ce dernier s'éprend aussi de la princesse qui pourrait parfaitement passer pour une de ces starlettes sexy qui le font vibrer d'ordinaire. Quant au père Al Fayed, il jubile ! Lui qui est toujours en quête de respectabilité et de la reconnaissance de l'établissement britannique ne peut rêver d'une romance plus *british*.

Il est le dernier homme de sa vie. Celui qui va écrire avec elle le fatal « The End ».

Les deux amoureux en sont convaincus, ils sont en train de vivre une grande histoire d'amour qui va changer leur vie. Diana passe un splendide été de farniente. Comme deux adolescents chics et insouciants, ils se laissent griser par cette sensation de vacances sans fin. Diana nage dans une mer limpide, porte un maillot fauve ravageur, fait du jet-ski et embrasse lonquement son Dodi chéri sur le pont du bateau. Les paparazzi du monde entier se frottent les mains. Le feuilleton Diana rebondit ! « Diana et Dodi », cela sonne comme le titre d'un *soap opera* et fera rêver assurément dans les chaumières. Pour ne rien gâcher, l'histoire s'accompagne d'un léger parfum de scandale non seulement dû à la personnalité du père de Dodi, mais aussi à ses origines et à sa religion. Diana peut être heureuse, son dernier amour sera aussi celui qui dérangera le plus son ancienne belle-famille.

6

L'élan brisé

Une mort trop accidentelle pour être honnête ?

Les légendes vieillissent mal. Mais lorsque les héroïnes mythiques meurent dans la fleur de l'âge, elles deviennent éternelles. Diana avait été profondément choquée et émue par la mort violente de la princesse Grace. Elle sentait qu'elle partageait de nombreux points communs avec l'épouse du prince Rainier et sa trajectoire tragique. Peut-être avait-elle pressenti qu'elle connaîtrait, elle aussi, un destin prématurément fauché par la mort.

Quelques décennies plus tôt, la disparition tragique de la reine Astrid des Belges (morte, elle aussi, dans un accident de voiture) avait définitivement inscrit son nom dans la légende. Dans un autre registre, les disparitions de stars comme Marilyn Monroe et James Dean ont également ancré ces personnages au panthéon des étoiles tragiques. Chaque fois, les rumeurs ont accompagné ces disparitions. L'assassinat présumé de Marilyn, la responsabilité évoquée de la princesse Stéphanie dans l'accident, la conduite dangereuse de Léopold III qui coûta la vie à son épouse Astrid… Les exemples de rumeurs ne manquent pas.

La mort d'une princesse de légende ne peut pas ressembler à un simple accident.

Dès lors, la disparition de Diana ne peut être le fruit d'un simple accident. Cela ne colle ni avec le personnage, ni avec son histoire.

En quelques années, la princesse de Galles est devenue la véritable héroïne d'un feuilleton à grand spectacle que toute la planète suit avec attention. Rien ne manquait au scénario : de l'amour, des trahisons, des drames, de la violence, des menaces, des enjeux financiers, du chantage affectif… Qui dit mieux ?

Diana connaît mieux que quiconque la force de la rumeur et son potentiel de destruction. Elle l'a parfois alimentée consciemment pour parvenir à ses fins. A d'autres moments, elle en a été la victime. Il n'y a aucune raison pour que la mort mette un terme à tous les bruits qui ont accompagné sa vie.

Au fil des années, Diana s'est fait beaucoup d'ennemis. La princesse des cœurs est apparue comme une femme à abattre. Et parmi tous ceux qui ont des raisons de lui en vouloir, la famille royale apparaît au premier plan.

Le clan Windsor, un amant arabe, un chauffeur à la personnalité trouble, des paparazzi en quête de scoops, on ne peut donc rêver d'un meilleur casting pour lancer un nouvel épisode de la saga Diana : « La princesse assassinée ».

La nuit du drame

Samedi 30 août 1997. Diana et Dodi Al Fayed arrivent à Paris à bord d'un jet privé. Atterrissage discret au Bourget et puis le couple se dirige vers le pied-à-terre de la famille Al Fayed à Paris dans le huitième arrondissement. Diana, qui aime Paris, en profite pour faire un peu de shopping du côté des Champs-Elysées.

Le soir, vers 21h45, la princesse et Dodi montent à bord d'une Mercedes 600 SEL conduite par Philippe, le chauffeur de la famille Al Fayed. Dans une Range Rover prennent place les gardes du corps dont Trevor Rees-Jones. Cet équipage arrive au *Ritz* pour dîner. Vers 22h15, le couple s'installe au restaurant, mais la curiosité des clients les indispose rapidement. Dodi et sa compagne demandent un endroit plus calme pour dîner en paix.

La rumeur de leur présence au restaurant s'est répandue comme une traînée de poudre et de nombreux curieux se massent devant le *Ritz*. Il paraît bientôt évident que le couple ne pourra pas quitter le restaurant aussi discrètement qu'il est arrivé. Une Range Rover puis deux Mercedes quittent l'hôtel, des leurres destinés à tromper la vigilance des photographes. Une troisième Mercedes quitte le *Ritz* via le parking privé de l'établissement. La voiture est conduite par Henri Paul qui s'occupe de la sécurité du palace.

Heure après heure, le film de la dernière nuit.

A côté de lui a pris place le garde du corps Trevor Rees-Jones. Dodi et Diana sont assis derrière sans avoir bouclé leur ceinture. La voiture s'engage sur la rue de Rivoli, la place de la Concorde, le cours de la Reine et la voie express rive droite. Des paparazzi ont pris la Mercedes en chasse pour réussir le cliché de la nuit. L'automobile prend de la vitesse. Arrivée au bout du cours Albert Ier, la Mercedes roule de plus en plus vite pour échapper à ses poursuivants. Henri Paul dépasse une voiture et puis survient le drame. Dans le tunnel, il perd le contrôle de son véhicule qui va percuter le mur avant de faire un violent tête-à-queue.

Il est 0h23 quand les pompiers reçoivent l'appel d'un témoin. Quelques minutes plus tard, les équipes du SAMU arrivent sur place. Ils constatent l'importance du choc en découvrant que Dodi et le chauffeur sont morts sur le coup. Le garde du corps a été grièvement blessé mais l'airbag semble lui avoir été bénéfique. Quant à Diana, elle est

Arrivée du couple au Ritz, quelques heures avant le drame. Ici, Dodi Al Fayed.

grièvement blessée et inconsciente. Plaies aux cuisses, fracture d'un bras, blessure de la cage thoracique, traumatisme crânien… la situation est grave.

Les photographes mitraillent la voiture tandis que les plus hautes autorités sont prévenues. Il faut aussi passer un coup de téléphone en Angleterre pour délivrer l'incroyable nouvelle.

Un test détermine que le chauffeur conduisait en état d'ébriété. Les pompiers réussissent à désincarcérer les passagers de la voiture et vers 1h50, Diana et Trevor Rees-Jones sont emmenés à la Pitié-Salpêtrière. A l'hôpital, le ministre de l'Intérieur et l'ambassadeur de Grande-Bretagne sont déjà là. Les médecins constatent la gravité de la blessure de la princesse. Ils tentent le tout pour le tout en fermant la plaie et en pratiquant un long massage cardiaque, mais en vain. A 4h, le décès est officiellement constaté. Une hémorragie pulmonaire a eu raison de la princesse.

Une demi-heure plus tard, la carcasse de la Mercedes est chargée et conduite dans un garage afin d'y être étudiée. Le communiqué des médecins est donné à 5h30 et quatorze minutes après, c'est au tour de l'AFP de rendre publique la nouvelle : la princesse Diana est morte.

L'Europe se réveille, abasourdie. Ce n'est que le début de l'ultime affaire « Diana ».

6

L'élan brisé

Le dilemme d'Elizabeth

Quand la reine apprend la terrible nouvelle de la mort de Diana, elle songe avant tout à ses petits-enfants. Comment William et Harry vont-ils réagir face à l'incroyable drame qui les touche ? Elizabeth II veut se comporter en grand-mère et en souveraine.

La famille royale est, comme de coutume, en vacances dans le château écossais de Balmoral. La villégiature des Windsor est réglée comme du papier à musique. Repas en famille, promenades, parties de chasse, offices religieux... Rien ne vient jamais perturber ce cérémonial inscrit dans la dure roche d'Ecosse.

Officiellement, Diana ne fait plus partie de la famille royale. Son unique rôle officiel est celui de mère des princes royaux et surtout du futur héritier de la Couronne. La reine ne peut pas tirer un trait sur le ressentiment qui s'est accumulé au cours des années. Bien évidemment, elle n'a pas souhaité la mort de son ancienne belle-fille, mais même dans ces circonstances dramatiques, elle ne veut pas fléchir une fois encore devant elle.

Depuis l'annonce du décès, c'est un immense mouvement d'émotion populaire qui s'est soulevé à travers le monde et au Royaume-Uni. Devant les grilles du palais s'amoncellent les bouquets de fleurs accompagnés de témoignages souvent déchirants. Mais Buckingham palace paraît insensible à l'émotion d'un peuple. Un communiqué sec a annoncé la disparition de la princesse et la reine ne semble pas déterminée à offrir des obsèques royales à l'ex-épouse de son fils. Des sondages sont publiés, ils sont catastrophiques pour la famille royale dont la popularité est au plus bas. Charles a conscience qu'il faut agir et ne pas se laisser submerger par cette vague qui risque d'emporter l'institution monarchique. Mais les voix conjuguées du duc d'Edimbourg et de la reine-mère sont intransigeantes, il est hors de question de ramener la morte dans le cercle très fermé de la dynastie. A l'époque encore jeune Premier ministre, Tony Blair décide de monter au front. Elizabeth reste intraitable, Diana ne fait plus partie de la famille et ses obsèques relèvent dès lors du domaine privé.

Les journaux télévisés diffusent en boucle les témoignages de ces simples sujets de Sa Majesté qui ne comprennent pas l'attitude de leur souveraine. Jamais le fossé séparant la Couronne de son peuple n'a été aussi grand. Il est urgent d'agir pour sauver ce qui peut encore l'être.

Avec les années, l'attitude de la reine et de sa famille pendant ces heures tragiques ne provoque plus seulement la réprobation mais aussi une question : était-elle légitime ?

Elizabeth II juste après les funérailles de son ex belle-fille.

Confrontée à une impossible décision, Elizabeth finit par céder. Le geste qu'elle va accomplir est contraire à tout ce qu'elle a toujours appris et à sa conception du devoir.

La reine décide de rentrer de Balmoral à Londres et va à la rencontre de son peuple. Devant les grilles du palais, elle regarde les fleurs et elle lit les messages. En grande professionnelle, Elizabeth réussit, en quelques minutes, à reconquérir l'estime des Anglais. Le jour même, elle s'adresse à la nation en évoquant la mémoire de Diana qu'elle nomme par son prénom (une véritable révolution dans la bouche de la reine !). Plus question de communiqué lapidaire, la princesse morte a officiellement été réintégrée au sein de la famille royale. Mais cette fois, comme elle le désirait, en sa qualité de princesse des cœurs.

Les obsèques… un triomphe posthume

A Buckingham, nul ne peut imaginer que de telles funérailles seraient organisées. Pour parler crûment, la prochaine Windsor planifiée sur la liste des décès royaux est la reine-mère dont la cérémonie funèbre a déjà été minutieusement préparée. Buckingham n'a donc d'autres choix que de reprendre le « plan Queen Mum » pour l'appliquer à la princesse de Galles.

Et tant pis pour ceux qui avaient songé à des funérailles privées, ils vont devoir accepter les obsèques les plus médiatiques de tous les temps. En 1981, Diana faisait son entrée dans la famille lors d'un mariage somptueux qui avait été retransmis dans tous les pays du monde. Cette fois, son enterrement est destiné à devenir un événement planétaire. La BBC affirme que plus de deux milliards de personnes dans 187 pays ont suivi la cérémonie.

Celle-ci est à l'image de la princesse. D'abord marquée par la présence de ceux qu'elle aimait le plus au monde, William et Harry qui suivent le cercueil, ravagés par le chagrin. Les deux jeunes garçons accompagnent celui qui était devenu au fil des années le plus implacable adversaire de leur mère, le prince de Galles. Le comte Spencer, frère de Diana marche à leurs côtés. Il aurait souhaité que l'événement ne soit qu'une cérémonie familiale Spencer, mais il est obligé de partager sa peine avec les Windsor.

Une nouvelle fois, Diana est l'héroïne d'une cérémonie médiatique retransmise en mondiovision.

Diana aurait été heureuse de voir que la Couronne avait enfin cédé face à ses exigences et à son statut de princesse divorcée éternellement en rupture de ban. Mais la cérémonie illustre aussi une autre facette de son personnage. Les plus démunis sont allés à la rencontre de cette princesse qu'ils ont tant aimée et qui leur a tellement donné. Les sans-logis, les malades, les personnes âgées ne l'oublieront jamais. Et puis, il y a aussi la Diana strass et paillettes. Les grands noms de la couture et du spectacle ont également répondu à l'appel qu'elle leur a lancé par-delà la mort. Les moments forts s'enchaînent et la planète paraît retenir son souffle. Elton John entonne sa chanson *Goodbye English Rose* et les sanglots étreignent la gorge de toute l'assistance. La chanson touche profondément les âmes et deviendra rapidement un succès du box-office.

6 septembre 1997 : le prince Charles, le prince Harry, Earl Spencer, le prince William et le prince Philip, à l'arrivée du cercueil de Diana.

Quand Charles Spencer prononce un discours acerbe à l'égard de la Couronne et des médias, il provoque un malaise certain. En ce jour, il n'y a pas de place pour la colère, seulement pour la communion. Elizabeth a rendu son titre d'Altesse Royale à Diana à titre posthume, mais c'est bien du côté des Spencer qu'elle reposera pour l'éternité. De nombreuses voix s'élèveront plus tard pour dénoncer la récupération organisée par Charles Spencer autour du culte dont sa sœur fait l'objet. La princesse, morte à trente-six ans, repose dans l'île d'Althorp. De nombreuses voix affirment que cet emplacement n'est qu'un leurre et qu'elle repose dans le caveau familial. A peine disparue, voilà que la princesse suscite à nouveau la rumeur.

Ce n'est que la première d'une longue série qui n'a pas fini d'entourer l'image de l'insaisissable Diana.

7 Le mythe plus fort que la mort

N'est pas Diana qui veut. Tandis que la presse people tente en vain de découvrir celle qui saura lui succéder dans les pages des magazines, les Anglais regardent grandir les deux enfants de Diana. Les passions se sont calmées, Charles a épousé celle qu'il n'a jamais cessé d'aimer, la Couronne a reconquis le cœur de ses sujets. Sans pour autant effacer de leur mémoire celle qu'ils avaient choisie comme leur princesse de cœur.

Le business de la mémoire

La disparition de la princesse ne l'a pas mise à l'abri des polémiques familiales et des tentatives de récupération médiatique. A l'occasion des funérailles, Charles Spencer s'est attaqué à la famille royale, coupable à ses yeux d'avoir maltraité sa sœur. Morte, Diana a quitté son statut de star royale pour accéder définitivement à celui d'icône.

Son frère est bien déterminé à ne pas se laisser confisquer la gestion de la mémoire de la princesse de Galles qu'il estime lui revenir de droit. Il décide qu'elle sera enterrée dans sa propriété d'Althorp sur une île au milieu d'un lac portant le nom de « Round Oval ». Les visiteurs sont invités à se recueillir devant sa tombe avant de visiter une exposition qui lui est consacrée et de faire un tour de l'île. Tout cela ressemble furieusement à un « Dianaland » et fait grincer les dents.

Une fontaine à Hyde Park en mémoire de la princesse morte.

Et les affaires vont bien, merci. Les marchands du temple proposent au public une pléiade d'objets qui ne se distinguent pas par leur bon goût : tasses, poupées, sets de table, boules de neige… Diana reste la princesse des cœurs, mais elle n'est pas loin d'accéder au titre envié de reine du kitsch. Certains tour-opérateurs futés organisent des « Dianatours » qui invitent les curieux à découvrir les endroits chers au cœur de la princesse. A Paris, le tunnel de l'Alma devient le point de rencontre des fans de la princesse. Spontanément, la flamme de la liberté, qui se trouve non loin du théâtre du drame, est devenue un lieu d'hommage où sont déposés témoignages écrits, peluches et bouquets de fleurs.

La famille royale s'associe au culte dianesque et en 2004, la reine préside la cérémonie d'inauguration d'une fontaine dédiée à la mémoire de la princesse à Hyde Park. Le monu-

Qui va gérer le souvenir de Diana ?

ment n'a rien en commun avec les édifices pompeux liés au souvenir de la reine Victoria. La fontaine est discrète et sereine, aux antipodes de ce que fut Diana. Peut-être représente-elle la femme qu'elle aurait voulu être.

Les éditeurs et les chaînes de télévision ne sont pas en reste. Et comme sa vie a été mille fois racontée, certains vont jusqu'à imaginer de nouvelles histoires. Marvel Comics a annoncé le lancement de *Di Another Day* mettant en scène une princesse de Galles mutante aux super-pouvoirs avant de renoncer à son projet. Mais d'autres ont eu moins de scrupules en commercialisant, par exemple, un jeu de rôle futuriste autour de la figure de la disparue.

De leur côté, les fils de Diana ne peuvent pas faire grand chose pour lutter contre toutes ces récupérations. Souhaitant perpétuer le souvenir de leur mère à leur manière, les princes ont organisé un concert hommage à la disparue. Un événement placé sous le signe de la musique et de la jeunesse qui aurait certainement plu à la princesse. D'autant plus que le prince de Galles a eu le bon goût de ne pas y participer…

L'interminable enquête

Tout a été dit sur les circonstances tragiques de la mort de la princesse... Pour autant, chacun possède sa propre conception des circonstances exactes de l'accident. En 1999, une enquête française révèle que la Mercedes princière avait percuté une Fiat Uno blanche qui n'a jamais été retrouvée.

La rumeur fait son chemin et le combat entre les tenants de l'accident et ceux de l'assassinat fait rage. Tout a été mis en doute, à commencer par l'état d'ébriété d'Henri Paul et son absorption d'antidépresseurs. La famille d'Henri Paul conteste les conclusions de l'enquête française. Mais le plus résolu à poursuivre la joute judiciaire est bien évidemment Mohammed Al Fayed. L'homme d'affaires est convaincu que la princesse et son fils ont été les victimes d'un terrible complot. Il va jusqu'à pointer du doigt les responsables. Toute l'opération a été ourdie par le MI6 sous l'impulsion personnelle du prince Philip duc d'Edimbourg ! Al Fayed explique que l'époux de la reine est profondément raciste et qu'il n'aurait jamais supporté que son ex belle-fille épouse un Arabe et donne des demi-frères ou des demi-sœurs métissés à William et Harry. Dès lors, les rumeurs s'emballent. Diana était sur le point de se convertir à l'islam ! La princesse était enceinte ! La Cour a du sang sur les mains !

Entre rumeurs, scandales, propagande et gros gains.

Une enquête judiciaire est ouverte à Londres... Elle s'annonce comme une des plus longues et des plus coûteuses de toute l'histoire judiciaire britannique (six millions d'euros !). Une fois encore, l'enquête de la police britannique conclut aux décès accidentels de Diana et de Dodi Al Fayed en écartant la thèse du meurtre. La mort est liée à l'état d'ivresse du chauffeur qui roulait trop vite pour échapper aux paparazzi. La princesse n'était pas enceinte et n'avait aucune volonté de se fiancer. Et si Diana a été embaumée, c'était pour des raisons de décence et non pour dissimuler une éventuelle grossesse. L'ancien patron de Scotland Yard a également affirmé qu'il n'existait pas de lien entre le duc d'Edimbourg et les services secrets britanniques. Il reste cependant des zones d'ombre... Une bague achetée par Dodi peu avant le drame et la fameuse Fiat Uno blanche qui n'a jamais été retrouvée.

Près de dix ans après la mort de la princesse et de son compagnon, l'enquête britannique a repris avec une audience préliminaire devant la Cour royale de Justice. La juge a

Pont de l'Alma, 31 août 1998.

exprimé sa volonté de voir l'ensemble des audiences se dérouler en public et que cette fois, les décès de Diana et Dodi soient examinés ensemble. De leur côté, William et Harry ont souhaité que l'enquête soit rapide pour ne pas prolonger l'épreuve et laisser leur mère reposer en paix.

Il sera temps un jour d'accepter l'évidence et de se dire que si Diana et Dodi avaient porté leur ceinture de sécurité, ils ne seraient peut-être pas morts.

Irremplaçable Diana

La nature a horreur du vide… c'est bien connu. Les médias aussi ! Alors que la polémique entourant la disparition de la princesse et la responsabilité réelle ou supposée des paparazzi dans l'accident continue à faire rage, les rédacteurs en chef des tabloïds s'interrogent. Qui pourra prendre la relève de la princesse morte ?

Au sein de la famille Windsor, nulle relève ne paraît assurée. Un moment, les journalistes jettent leur dévolu sur Sophie Rhys-Jones, la nouvelle épouse du prince Edward. Blonde et mince, la jeune femme semble pousser le souci de ressemblance avec Diana jusqu'à adopter sa coiffure. Néanmoins, elle ne possède ni l'aura ni le charme de la défunte épouse du prince Charles. Quant à Camilla, elle appartient d'ores et déjà à l'histoire ancienne et ni son charisme ni sa cote de popularité n'ont augmenté avec le temps. En Grande-Bretagne, il apparaît rapidement que la seule relève viendra des enfants des Galles, William et Harry. Et surtout de leurs futures girlfriends.

Alors les regards se tournent vers l'étranger. En Belgique, le prince Philippe, héritier du trône, épouse une jolie blonde issue de la noblesse du plat pays, Mathilde d'Udekem d'Accoz. Elle est jolie et pas avare en sourires. Mais Mathilde est plus sage que Diana et rentre rapidement dans le rang convenu de la monarchie. Mauvaise pioche pour les journalistes. Ils se rabattent sur Mette-Marit de Norvège qui sent beaucoup plus le soufre. La fiancée du prince héritier Haakon est une femme divorcée, mère d'un enfant qui aurait touché à la drogue dans sa folle jeunesse. Toutefois, la princesse manque de glamour et son histoire lasse rapidement les amateurs de potins royaux. Toujours en Scandinavie, c'est la romance du très charmant prince Frederik avec la non moins charmante Mary, une jeune Tasmanienne qui enflamme les cœurs. Le couple est très amoureux et pas l'ombre d'un scandale ne vient éclabousser leur *love story*.

La princesse Letizia, choisie par les journalistes pour remplacer Diana dans les pages people.

Les journalistes ont beau traquer la proie idéale, personne ne peut succéder à Diana.

Le salut viendra peut-être de l'Espagne. Le prince héritier Felipe est tombé amoureux de la présentatrice vedette des infos à la télé. La jeune femme s'appelle Letizia et s'impose d'emblée par son profil de femme indépendante, élégante et très glamour. Mincissime, on la soupçonne rapidement d'anorexie. Les tenants de la monarchie lui reprochent ses origines roturières et annoncent qu'elle ne pourra jamais se faire aux exigences de protocole de la Couronne. Par ailleurs, ils estiment que la stricte reine Sofia ne fera pas de cadeau à sa belle-fille. Rapidement, il apparaît qu'il n'en est rien.

Dès lors, si Letizia apparaît aujourd'hui comme une des princesses les plus « bankables » du gotha européen, elle ne marche pas dans les traces de Diana. Tant pis pour les paparazzi, il n'y aura pas d'autre Lady Di !

La revanche de Camilla

Après le divorce des Galles, plus rien ne s'oppose à ce que Charles et sa maîtresse vivent enfin leur romance au grand jour. Certes, Camilla est loin d'être populaire, mais le prince de Galles est convaincu que le temps joue pour lui et que le public finira par se lasser des frasques de Diana la fantasque.

L'accident tragique de la princesse semble sonner le glas de ses espérances. Elle apparaît encore plus encombrante morte que vivante et toute hypothèse de remariage paraît totalement impossible. Désormais, Camilla doit apprendre à lutter contre un fantôme et elle n'a que peu de chance de faire le poids. Alors, tout espoir est-il perdu ? C'est compter sans la détermination de Charles. Divorcé, célibataire et, dans l'esprit du public, également veuf, le prince n'a plus aucune raison de reculer. Il est déterminé à ne pas se laisser confisquer, une fois de plus, son bonheur. Le peuple apprécie son comportement avec ses enfants et, dégagé de la sempiternelle comparaison avec Diana, il semble effectuer très correctement son job. De plus en plus de Britanniques estiment que le prince a le droit de refaire sa vie.

Fidèle à ses habitudes, Charles va avancer ses pions avec la prudence d'un joueur d'échecs. Il commence par faire entrer Camilla dans sa vie pour la faire adopter par ses fils. L'entreprise est délicate, mais couronnée de succès. Ensuite, il lui faut plaider pour le mariage. Il doit non seulement affronter le jugement de sa mère la reine, mais aussi convaincre Camilla qui hésite. Après toutes ces années, a-t-elle vraiment envie de franchir le pas ?

Mariage du prince Charles et de Camilla Parker-Bowles, le 9 avril 2005.

Incroyable ! L'impossible mariage finit par être célébré...

Elizabeth II se montre la plus réticente. La souveraine estime que l'opinion publique a déjà été suffisamment perturbée au cours des dernières années. Mais cette fois, son fils ne cède pas. La date du mariage est annoncée et, contrairement aux craintes de la reine, la nouvelle est relativement bien acceptée. Cette fois, il s'agira d'une cérémonie privée avec tout ce que ce mot peut comporter de relatif quand on parle de la famille royale. La reine marque sa désapprobation en refusant d'assister à la célébration à Windsor, le lieu symbolique où s'était noué le drame de la fameuse « Annus Horribilis » quelques années auparavant.

Camilla n'a pas ménagé ses efforts pour être à la hauteur. Elle a appris à saluer la foule et à paraître moins revêche. Elle a soigné sa ligne et confié son look à des experts en la matière. Bien sûr, elle ne sera jamais Diana et ce n'est pas ce que l'on attend d'elle. Elle sera titrée duchesse de Cornouailles et ne devrait jamais être reine d'Angleterre (même si Charles a déjà une autre idée en tête...). Une atmosphère très particulière colore cette cérémonie au cours de laquelle deux amoureux de trente ans convolent enfin en justes noces. Par ailleurs, l'image d'une famille recomposée avec les enfants de Camilla d'un côté et ceux de Charles de l'autre apporte une touche de modernité au sein du clan Windsor.

Le nouveau mariage du prince de Galles a été l'antithèse du premier, à tous les niveaux. Plus proche et plus sincère, il a réussi à faire accepter un état de fait que beaucoup auraient encore jugé inacceptable peu de temps auparavant. Et pour la première fois, l'ombre de Diana n'est pas trop lourde à porter par la famille.

La famille royale face à l'absente

Que reste-il aujourd'hui de la princesse de Galles ? Depuis la fameuse cérémonie des funérailles, la famille royale a eu d'autres événements à célébrer ou à commémorer : les obsèques de la reine-mère, l'anniversaire de la reine Elizabeth, le mariage de Charles et Camilla. Lentement mais sûrement, les échos passionnés de la vie de Diana s'estompent alors que son image se lisse, se façonne comme celle d'une icône intouchable.

Les frasques de Fergie n'intéressent plus grand monde et la pauvre ex-meilleure amie de la princesse de Galles a fort à faire pour réussir à s'imposer dans le manège médiatique de ce début de troisième millénaire. Même les rumeurs de mésentente entre Charles et Camilla ne réussissent guère à passionner les foules.

L'opinion publique a manifesté tout son attachement à la reine lors de la célébration de son anniversaire et la sortie du film *The Queen* a davantage rendu hommage à la souveraine qu'au souvenir de la princesse de Galles. Elizabeth II est au sommet de sa popularité.

Les journalistes attachent de plus en plus d'intérêt aux faits et gestes de la jeune génération. La longue romance de William avec Kate Middelton ainsi que sa brutale rupture en constituent un parfait exemple. La jeune femme a fait la une des magazines semaine après semaine sans réussir à s'imposer suffisamment dans le cœur de William pour parvenir à la plus haute marche du podium royal. Du côté d'Harry, c'est l'histoire d'amour controversée avec Chelsy Davis qui fait la une. La jeune femme est originaire du Zimbabwe, un pays d'Afrique qui se distingue par le peu de cas qu'il fait des droits de l'homme et les activités de son père ne font pas l'unanimité. Par ailleurs, le jeune Harry n'a pas besoin d'être amoureux pour faire

parler de lui. Son déguisement en nazi lors d'une soirée trop arrosée fait scandale. Ses sorties en boîte défraient la chronique. Ses réponses violentes à l'égard des journalistes qui le poursuivent font couler beaucoup d'encre. Sa volonté d'aller combattre en Irak devient un débat national. A chaque fois, il se trouve des psychologues pour témoigner des blessures d'un jeune garçon confronté à l'absence de sa mère.

Dix ans après la mort de sa mère, Harry apparaît aujourd'hui comme son héritier direct au sein de l'écurie royale. Il bouscule les conventions et veut imposer sa liberté de ton et d'action. Le prince adore choquer, mais lorsqu'il sent qu'il est allé trop loin, il réussit toujours à obtenir le pardon de ceux qui l'ont condamnés. Son sourire ravageur et ce que Diana appelait son bon cœur font mouche. On le retrouve alors au Lesotho, un des pays les plus pauvres d'Afrique où il va apporter du réconfort aux enfants et aux malades. Il dénonce les ravages du sida et témoigne d'une authentique empathie envers les plus démunis.

Dans l'esprit du peuple, il remplace sa mère dont il prolonge l'engagement. L'avenir dira s'il réussira à concilier les héritages Windsor et Spencer, deux éléments aussi difficiles à marier que l'eau et le feu.

Annexes

William Spencer, of Defford, Worcs. (fl.c.1330) ∞

John Spencer, of Defford ∞ Alice, dau. of Giles Deverell

Nicholas Spencer, of Defford ∞ Joan, dau. of Richard Pollard, of Kent

Thomas Spencer, of Defford ∞ | William Spencer ∞ Margaret, dau. of Gilbert Cleare

Henry Spencer, of Badby, Northants. (d.1476) ∞ Isabel, dau. of Henry Lincoln

John Spencer, of Hodnell, Warwicks. ∞ – Warstead | Thomas | William | Nicholas

William Spencer, of Rodburn, Warwicks. ∞ Elizabeth | Anne, daus. of Peter Empon, of Towester (1) ∞ John Spencer, of Hodnell & Wormleighton, Warwicks, (*d.*1497) (2) ∞ Jane, dau. of Walter Graunt of Snitterfield, Warwicks. | Thomas Spencer, of Badby & Everdon ∞ Margaret Smith of Wold

Sir John Spencer, Kt.(*d.*1522) of Snitterfield & Wormleighton ∞ Isabel, dau. of Walter Graunt of Snitterfield | Thomas

Sir William Spencer, Kt. (*d.*1532) of Wormleighton & of Althorp, Northants. ∞ Susan, dau. of Sir Richard Knightley, of Fawsley, Northants. | Richard (*d.*1537), son ∞ Jane | Anthony (d.s.p.) | Isabel ∞ Sir Nicholas Strelly of Strelly, Notts., Kt.

Sir John Spencer, Kt. (*d.*1586) of Wormleighton & Althorp ∞ Katherine, dau. of Sir Thomas Kitson, of Hengrove, Suffolk | Isabel (*d.*1578) ∞ Sir John Cotton, of Lanwade, Cambs. | Jane (*d.*1593) ∞ Sir Richard Brydges, of Shefford, Berks.

Sir John Spencer, Kt. (*d.*1599) ∞ Mary, dau. of Sir Robert Catlyn, of Berne, Dorset | Thomas Spencer, (*d.*1580) of Claverdon, Warwicks. ∞ Mary, dau. of Henry Cheke | Sir William Spencer, (*d.*1609) of Yarnton, Oxon. ∞ Margaret (*d.*1608) dau. of Francis Bowyer, of Middx.

Robert, 1st Baron Spencer, of Wormleighton (*cr.*1603) (1570-1627) ∞ 1587 Margaret, (*d.*1597), dau. of Sir Francis Willoughby, Kt.

John (d.s.p. 1612) | ***William, 2nd Baron Spencer,*** (1591-1636) ∞ 1617 Penelope, (*d.*1667), dau. of 3rd Earl of Southampton | Sir Richard Spencer, of Orpington, Kent (*d.*1661) ∞ Mary (*d.*1675) dau. of Sir Edwin Sandys | Sir Edward Spencer, of Boston, Middx. (*d.*1666) ∞ Mary, dau. of John Goldsmith, of Welby

John 1st Bn. Craven (*d.*1650) (1) ∞ 1587 Elizabeth (2) ∞ Hon. Henry Howard (*d.*1650) (3) ∞ William, 1st Bn. Crofts (*d.*1677) | ***Henry, 1st Earl of Sunderland*** (*cr.*1643) ***3rd Baron Spencer*** (1620-43) ∞ 1639 Dorothy (*d.*1675) dau. of 2nd Earl of Leicester | Anne (*b.*1623) ∞ Sir Robert Townsend

George, 1st Viscount Halifax (1633-95) ∞ 1656 Dorothy (1640-70) | ***Robert, 2nd Earl of Sunderland*** (1641-1702) ∞ 1665 Anne, (*d.*1715) dau. of 2nd Earl of Bristol

Robert Spencer (1664-88) | 3 others *d.* young | Anne (1667-90) ∞ 1688 James, Earl of Arran (*d.*1712) | Elizabeth (*d.*1704) ∞ 1684 Donagh, 4th Earl of Clancarty (*d.*1734)

Robert, 4th Earl of Sunderland (1701-29) | Elizabeth, dau. of 2nd Baron Trevor ∞ 1732 ***Charles, 3rd Duke of Marlborough & 5th Earl of Sunderland*** (1706-58) | Hon. John Spencer (1708-46) ∞ 1734 Georgina (1716-80) dau. of 2nd Earl Granville

(later Dukes of Marlborough) | **Margaret Georgiana dau. of 2nd Earl Granville** (1737-1814) ∞ 1755 ***John, 1st Earl Spencer*** (cr.1765) (1734-1783) | Diana (1735-43)

William, 5th Duke of Devonshire(1748-1811) ∞ 1774 **Georgiana** (1757-1806) | ***George John, 2nd Earl Spencer*** (1758-1834) ∞ 1781 Lavinia (1762-1831) dau. of 1st Earl of Lucan

John Charles, 3rd Earl Spencer (1782-1845) ∞ 1813 Esther (1788-1818) dau. of Richard Acklom | Sarah (1787-1870) ∞ 1813 William, 3rd Baron Lyttelton (1742-1837) | Richard (1789-91) | Capt. Sir Robert Cavendish Spencer, K.C.H. (1791-1830)

John Poyntz, 5th Earl Spencer (1835-1910) ∞ 1858 **Charlotte Frances** (1835-1903) **dau. of Frederick C.W. Seymour**

Adelaide Margaret (1889-1981) ∞ 1914 Hon. Sir Sidney Cornwallis Pee, Bt. (1870-1938) | ***Albert Edward John, 7th Earl Spencer*** (1892-1975) ∞ 1919 **Cynthia Eleanor** (1892-1972) **dau. of 3rd Duke of Abercorn** | Hon. Cecil Edward Robert Spencer (1894-1928)

Anne (*b.*1920) ∞ 1944 Capt. Christopher Baldwin Wake-Walker R.N. (*b.*1920) | Frances Ruth (*b.*1936) dau. of 4th Baron Fermoy (div.1969) (1) ∞ 1954 ***Edward John, 8th Earl Spencer*** (1924-92) (2) ∞ 1976 Raine (*b.*1929) dau. of Alexander McCorquodale

Elizabeth Sarah Lavinia (*b.*1955) ∞ 1978 Neil McCorquodale (*b.*1951) | Cynthia Jane (*b.*1957) ∞ 1978 Sir Robert Fellowes (*b.*1941) | **Diana Frances** (1961-1997) ∞ 1981 ***H.R.H. The Prince of Wales*** (*b.*1948)

Emily Jane (*b.*1983) | George Edmund (*b.*1984) | Celia Rose (*b.*1990) | Laura Jane (*b.*1980) | Alexander Robert (*b.*1983) | Eleanor Ruth (*b.*1985) | H.R.H. Prince William Arthur Philip Louis (*b.*1982) | H.R.H. Prince Henry Charles Albert David (*b.*1984)

Généalogie des Spencer

Source : www.althorp.com

Dorothy ∞ Sir Richard Catesby (*d.* 1553) of Legers Ashby, Northants.

Dorothy (*d.* 1575) ∞ Thomas Spencer (*d.* 1576) of Badby & Everdon — Anne ∞ Sir John Goodwin (*d.* 1597) of Winchington, Bucks. — Mary ∞ Thomas Bales (*d.* 1586) of Wallington, Herts.

Sir Richard Spencer, of Offley, Herts. ∞ Helen, dau. of Sir John Brocket — Elizabeth ∞ George, 2nd Bn. Hunson (*d.* 1603) — William, 3rd Bn. Moteagle (*d.* 1581) (1) ∞ c1575 Anne (2) ∞ Sir John Goodwin (*d.* 1597) of Winchington, Bucks. (3) ∞ c1592 Robert, 2nd Earl of Dorset (1561-1609) — Ferdinando 5th Earl of Derby (*d.* 1594) (1) ∞ c1580 Alice (2) ∞ c1600 Thomas, 1st Visc. Brackey (1540-1617)

Elizabeth (*d.* 1618) ∞ 1617 Sir George Fane, (*d.* 1640), of Buston, Kent — Margaret (*d.* 1613) — Mary (1588-1658) ∞ Sir Richard Anderson (*d.* 1632), of Pendley, Herts.

Alice (*d.* 1625) ∞ Henry, 1st Earl of Drogheda (*d.* 1676) — Margaret (1627-93) ∞ 1655 Anthony, 1st Earl of Shaftesbury (1621-83) — Robert, Viscount Teviot (cr.1686) (1628-94) ∞ Jane, dau. of Sir Thomas Spencer, of Yarnton — William Spencer (*d.* 1688) of Ashton, Lancs. ∞ Elizabeth, dau. of 3rd Baron Gerard

Penelope (*d.* an infant)

John Churchill (1650-1722) ***1st Duke of Marlborough*** ∞ **Sarah Jenyns** (1660-1744)

Arabella, (1673-98), dau. of 2nd Duke of Newcastle (1) ∞ 1695 ***Charles, 3rd Earl of Sunderland*** (1675-1722) (2) ∞ 1699 Anne (1683-1716) (3) ∞ 1717 Judith (*d.* 1749), dau. of Benjamin Tichborne, of Tichborne, Herts.

Anne (1702-69) ∞ 1720 William, 1st Viscount Bateman (*d.* 1744) — Diana (1710-35) ∞ 1731 John, 4th Duke of Bedford (1710-71) — 3 children *d.* young

Henrietta Frances (1761-1821) ∞ 1780 Frederick, 3rd Earl of Bessborough (1758-1844) — Charlotte (1765-66) — Louisa (*b.* & *d.* 1769)

Harriet (*b.* & *d.* 1793) — Georgiana Charlotte (1794-1823) ∞ 1814 Lord George Quin (1792-1888) — Georgiana Eliz. (1673-98) dau. of Willm.Poyntz, M.P. (1) ∞ 1830 ***Frederick, 4th Earl Spencer*** (1798-1857) (2) ∞ 1854 Adelaide Horatia (1825-77) dau. of Sir H.B. Seymour — George (Fr. Ignatius of St. Paul) (1799-1864)

Georgiana Frances (1832-52) — Sarah Isabel (1838-1919) — William, 2nd Baron Sandhurst (1855-1921) ∞ 1881 Victoria Alexandrina (1855-1906) — ***Charles Robert, 6th Earl Spencer*** (1857-1922) ∞ 1881 Margaret (1868-1906), dau. of 1st Baron Revelstoke

Lavinia Emily (1899-1955) ∞ Luke, 4th Baron Annaly (1885-1919) — Barbara, dau. of Benjamin Blumenthal (div. 1962) (1) ∞ 1931 Hon. George Charles Spencer(1903-82) (2) ∞ 1966 Kathleen Eliz. (*d.* 1968) dau. of J.J. Henderson — Alexandra Margaret Elizabeth (*b.* 1906) ∞ 1931 Hon. Henry Douglas-Home (div.1947)

George Cecil Robert Maurice Spencer (*b.* 1932) — Maud Catherine Helen (*b.* 1932) ∞ 1968 Gerald Weiler

Charles Edward Maurice 9th Earl of Spencer (*b.* 1964) (1) ∞ 1989 Victoria Lockwood dau. of John Lockwood (div.1997) (2) ∞ 2001 Caroline (*b.* 1966) dau. of Rupert Hutton — Hon.John Spencer (*b.* & *d.* 1960)

Kitty Eleanor (*b.* 1990) — Eliza Victoria (*b.* 1992) — Katya Amelia (*b.* 1992) — Louis Frederick John (*b.* 1994) — Edmund Charles (*b.* 2003)

Lady Di en quelques dates

1961

1er juillet : Naissance de Diana Spencer, fille cadette d'Edward Spencer, vicomte Althorp, et de Frances Burke Roche, à Sandringham (Angleterre).

1969

Ses parents divorcent.

1975

Décès du grand-père paternel de Diana, Albert Spencer. Elle devient Lady Diana Spencer.

1976

Elle quitte le collège de West Heath pour un prestigieux collège suisse, l'Institut Alpin Videmanette.

1977

Son père se remarie avec Raine Dartmouth, fille de Barbara Cartland.

Première rencontre avec le prince Charles.

1978

Après ses études, elle revient à Londres et trouve un emploi de maîtresse d'école.

1979

Une partie de chasse dans le Sussex va changer sa vie. Le prince Charles se rend compte que Diana est devenue une belle femme.

1981

24 février : Buckingham palace annonce les fiançailles de Diana et du prince Charles.

29 juillet : Mariage de Diana et du prince Charles à la cathédrale St Paul à Londres. Elle devient Son Altesse Royale la princesse de Galles.

1982

21 juin : Naissance de son premier fils, William.

1984

15 septembre : Naissance de son second fils, Henry.

1985

Diana rencontre le Pape Jean-Paul II au Vatican.

1986

Voyage au Japon.

1989

Voyage en Indonésie, à Hong-Kong et au Nigeria.

1990

Voyage aux Etats-Unis, en Hongrie, en Egypte, au Canada.

1992

Voyage en Inde.

9 décembre : Séparation de Diana et du prince Charles.

1996

28 août : Divorce de Diana et du prince Charles. Elle devient Diana, princesse de Galles.

1997

31 août : Décès de Diana dans un accident de voiture à Paris.

6 septembre : Funérailles de Diana Spencer. Deux millions de personnes descendent dans les rues de Londres pour un dernier hommage à la princesse.

Titres honorifiques de Diana Spencer

De 1961 à 1975
Honorable Diana Frances Spencer

De 1975 à 1981
Lady Diana Frances Spencer

Du 29 juillet 1981 au 28 août 1996
Son Altesse Royale
la Princesse de Galles

A partir de son divorce
Diana, princesse de Galles

Œuvres caritatives

La princesse de Galles était très admirée pour sa compassion envers les plus faibles. Dès les années quatre-vingts, elle soutient plusieurs causes humanitaires. Elle est particulièrement touchée par les victimes du sida et des mines antipersonnelles, et par la pauvreté des enfants d'Afrique.

En touchant un séropositif devant le monde entier, elle a participé à l'évolution des mentalités envers les personnes atteintes du HIV.

En 1997, elle séjourne quelques jours en Angola puis quelques mois plus tard en Bosnie pour militer contre les mines antipersonnelles. Accompagnée de la Croix-Rouge puis du Réseau des survivants des mines terrestres, elle prend acte du nombre de victimes et des projets proposés pour des déminages.

Quatre mois après sa mort, le Traité d'Ottawa pour l'interdiction des mines antipersonnelles est signé par 122 pays. En dix ans, ce sont 154 pays qui ont signé cette convention par laquelle ils s'engagent notamment à ne pas développer de mines antipersonnelles et à détruire les mines qui se trouvent sur leur territoire. La signature de ce traité doit beaucoup à Diana.

Discours d'Elizabeth II

prononcé le 5 septembre 1997

The Queen spoke to the nation live at 6.00 p.m. on Friday, 5 September, from the Chinese Dining Room at Buckingham Palace.

Since last Sunday's dreadful news we have seen, throughout Britain and around the world, an overwhelming expression of sadness at Diana's death.

We have all been trying in our different ways to cope. It is not easy to express a sense of loss, since the initial shock is often succeeded by a mixture of other feelings: disbelief, incomprehension, anger - and concern for those who remain. We have all felt those emotions in these last few days. So what I say to you now, as your Queen and as a grandmother, I say from my heart.

First, I want to pay tribute to Diana myself. She was an exceptional and gifted human being. In good times and bad, she never lost her capacity to smile and laugh, nor to inspire others with her warmth and kindness. I admired and respected her - for her energy and commitment to others, and especially for her devotion to her two boys. This week at Balmoral, we have all been trying to help William and Harry come to terms with the devastating loss that they and the rest of us have suffered.

No-one who knew Diana will ever forget her. Millions of others who never met her, but felt they knew her, will remember her. I for one believe there are lessons to be drawn from her life and from the extraordinary and moving reaction to her death. I share in your determination to cherish her memory.

This is also an opportunity for me, on behalf of my family, and especially Prince Charles and William and Harry, to thank all of you who have brought flowers, sent messages and paid your respects in so many ways to a remarkable person. These acts of kindness have been a huge source of help and comfort.

Our thoughts are also with Diana's family and the families of those who died with her. I know that they too have drawn strength from what has happened since last weekend, as they seek to heal their sorrow and then to face the future without a loved one.

I hope that tomorrow we can all, wherever we are, join in expressing our grief at Diana's loss, and gratitude for her all-too-short life. It is a chance to show to the whole world the British nation united in grief and respect.

May those who died rest in peace and may we, each and every one of us, thank God for someone who made many, many people happy.

Source : www.royal.gov.uk

Candle in the wind

Paroles de la chanson d'Elton John chantée pendant la cérémonie des funérailles.

Goodbye England's rose;
may you ever grow in our hearts.
You were the grace that placed itself
where lives were torn apart.
You called out to our country,
and you whispered to those in pain.
Now you belong to heaven,
and the stars spell out your name.

And it seems to me you lived your life
like a candle in the wind:
never fading with the sunset
when the rain set in.
And your footsteps will always fall here,
along England's greenest hills;
your candle's burned out long before
your legend ever will.

Loveliness we've lost;
these empty days without your smile.
This torch we'll always carry
for our nation's golden child.
And even though we try,
the truth brings us to tears;
all our words cannot express
the joy you brought us through the years.

Goodbye England's rose,
from a country lost without your soul,
who'll miss the wings of your compassion
more than you'll ever know.

Bibiographie

Andrew Morton, *Diana*, Olivier Orban, 1992

Andrew Morton, *Diana, Sa Nouvelle Vie*, Plon, 1994

Bertrand Meyer-Stabley, *La véritable Diana*, Pygmalion, 2007

Paul Burrell, *Nos plus belles années*, Michel Lafon, 2006

Guy Croussy, *Les chagrins du prince Charles*, de Fallois, 1997

Françoise Ducout, *Elizabeth reine de cœur*, Mazarine, 2000

Isabelle Rivière et Caroline Babert, *Lady D*, Robert Laffont, 2007

Glann Harvey, *Diana a princess remembered*, Southbank Publishing, 2006

Pour aller plus loin sur Internet

www.royal.gov.uk/OutPut/Page153.asp

Sur le site officiel de la monarchie britannique, plusieurs pages sont consacrées à Lady Di (en anglais).

www.theworkcontinues.org

La fondation Diana (en anglais).

www.althorp.com/visiting/

Site officiel de la Maison Althorp (la famille Spencer) (en anglais).

http://fr.wikipedia.org/wiki/Diana_Spencer

Petite biographie de Lady Di (en français).

www.patrick-weber.com

Le site de Patrick WEBER

Crédits iconographiques

p.8 © 2006 Getty Images
p.14 © 2002 Getty Images
p.16 © Getty Images
p.17 © Getty Images
p.19 © Getty Images
p.20 © 2005 Getty Images
p.21 © Getty Images
p.22 © 2002 Getty Images
p.23 © Getty Images
p.24 © 2007 Getty Images
p.27 © Getty Images
p.29 © Getty Images
p.31 © LONDON-EXPRESS/GAMMA/GHFP
p.32 © LNS/CAMERA PRESS/GAMMA/GHFP
p.33 © 2007 Getty Images
p.35 © Tim Graham Photo Library/Getty Images
p.36 © 2006 Getty Images
p.39 © GOFF KEN/CAMERA PRESS/GAMMA/GHFP
p.40 © Tim Graham Photo Library/Getty Images
p.43 © 2007 Getty Images
p.45 © Tim Graham Photo Library/Getty Images
p.46 © Ken Goff/Time Life Pictures/Getty Images
p.47 © 2006 Getty Images
p.48 © 2003 Getty Images
p.49 © 2007 Getty Images
p.50 © Tim Graham Photo Library/Getty Images
p.51 © Tim Graham Photo Library/Getty Images
p.53 © Tim Graham Photo Library/ Getty Images
p.55 © Getty Images
p.56 © 2007 Getty Images
p.57 © Tim Graham Photo Library/Getty Images
p.58 © STEWART MARK/CAMERA PRESS/GAMMA/GHFP
p.59 © 007 Getty Images
p.61 © 2006 Getty Images
p.62 © Tim Graham Photo Library/Getty Images
p.63 © Tim Graham Photo Library/Getty Images
p.65 © 2007 Getty Images
p.67 © 2006 Getty Images
p.68 © Tim Graham Photo Library/ Getty Images
p.71 © Tim Graham Photo Library/ Getty Images
p.73 © Tim Graham Photo Library/Getty Images
p.75 © Tim Graham Photo Library/Getty Images
p.77 © Tim Graham Photo Library/Getty Images
p.79 © 2007 Getty Images
p.81 © STEWART MARK/CAMERA PRESS/GAMMA/GHFP
p.82 © Tim Graham Photo Library/Getty Images
p.84 © Time & Life Pictures/Getty Images
p.85 © Tim Graham Photo Library/Getty Images
p.86 © 2007 Getty Images
p.88 © Time & Life Pictures/Getty Images
p.89 © Tim Graham Photo Library/Getty Images
p.90 © Tim Graham Photo Library/Getty Images
p.91 © Tim Graham Photo Library/Getty Images
p.93 © EUROPA PRESS/GAMMA/GHFP
p.94 © 2007 Getty Images
p.95 © Tim Graham Photo Library/Getty Images
p.97 © Tim Graham Photo Library/Getty Images
p.98 © Tim Graham Photo Library/Getty Images
p.99 © 2007 Getty Images
p.100 © 2006 Getty Images
p.101 © 2006 Getty Images
p.103 © 2006 Getty Images
p.104 © Time Life Pictures/Getty Images
p.106 © 2004 Getty Images
p.107 © GAMMA/GHFP
p.109 © Time Life Pictures/Getty Images
p.111 © Rex Usa/ Time Life Pictures/Getty Images
p.113 © 2006 Getty Images
p.115 © 2006 Getty Images
p.116 © Tim Graham Photo Library/Getty Images
p.118 © Tim Graham Photo Library/Getty Images
p.119 © Tim Graham Photo Library/Getty Images
p.121 © GAMMA/GHFP
p.122 © Tim Graham Photo Library/Getty Images
p.123 © Tim Graham Photo Library/Getty Images
p.125 © Tim Graham Photo Library/Getty Images
p.126 © Tim Graham Photo Library/Getty Images
p.127 © Tim Graham Photo Library/Getty Images
p.128 © Tim Graham Photo Library/Getty Images
couverture © DE KEERLE SPOONER-PARKER
SPOO/GAMMA/GHFP

Responsable Editorial
Lorraine AUFFRAY

Assistant d'Edition
Audrey DEPLATIERE

Création graphique et maquette
Sylvain KASLIN
Woojung ANN

Couverture
Sylvain KASLIN

Impression
ERCOM

Timée-Editions
66, rue Escudier – 92100 Boulogne – France
www.timee-editions.com

Dans la collection Beaux livres

De Gaulle, l'Esprit du possible
Yves Jégo

Merveilleux Noël
Collectif

Corrida, Regards
Christian Gabanon
Textes de François-Xavier Gauroy

Corrida, Emotions
Christian Gabanon
Textes de François-Xavier Gauroy

Mon Algérie
Jean-Claude Brialy

50 ans, et après ?!
Eric Dudan

Comics,
Dans la peau des super héros
Philippe Guedj

Peuples premiers,
Aux sources de l'Autre
Fabrice Delsahut

Dans la collection Les Plus Belles Histoires

Sports et Loisirs

Vert passion
Les 50 plus belles histoires de l'Association Sportive de St-Etienne
Christophe Barge et Laurent Tranier

Le Tour de France,
Morceaux de bravoure
Eric Delanzy

L'Aventure des Bleus
Alain Mercier et Cyril Pocréaux

La passion de l'Olympisme
Paul Miquel

Renault, la course en tête
Robert Puyal

Terre battante
Les 50 plus belles histoires de Roland Garros
Patrice Dominguez

Zidane, maître du jeu
Etienne Labrunie

Stade de France,
Entrez dans la légende
Alain Billouin

La fabuleuse histoire
de la Coupe du Monde
Étienne Labrunie

Le mythe Ferrari
Lionel Froissart

La magie OM
Stéphane Colineau

Golf, Instants de légende
André-jean Lafaurie

Coupe de l'America,
150 ans de défi
Grégory Magne

PSG, club capital
Daniel Riolo

Sciences et Découvertes

Les plus belles histoires des Trains
Collectif

Les Aventuriers de l'Energie
Les 100 plus belles histoires de l'électricité
Nicolas Viot

Des Métaux et des Hommes
Les 50 plus belles histoires
de la chaudronnerie
Louise Haroun

Dans les pas des Bâtisseurs
Xavier Bezançon

La Nature dans tous ses états
Les 50 plus belles histoires de l'environnement
Guersendre Nagy

TGV, en route vers le futur :
25 ans de passion
Philippe Mirville

TGV Est, de la Crampton à la grande vitesse
Philippe Mirville

Cousteau, la planète en héritage
Michel Chevalet

Histoire et Civilisations

La folie Carnaval
Sarah Belabes

Le cœur des femmes
Les plus belles histoires des 50 femmes du XXe siècle
Roselyne Febvre

Sous le sable des arènes
Les 50 plus belles histoires de la corrida
François-Xavier Gauroy

La Liberté venue des Mers
Les 60 plus belles histoires
de la Libération de la France
Catherine Trouiller et Sharon Elbaz

Winston Churchill
Denis Lépée

Le français en partage
Les 50 plus belles histoires de la francophonie
Christophe Traisnel
Préface : Abdoulaye Wade

Indiens,
Les premiers Américains
Fabrice Delsahut

Versailles,
La passion de Louis XIV
Jean-Christian Petitfils

Napoléon,
Le sceau de l'aigle
Irène Delage

Ernest Hemingway,
La vie en face
Denis Lépée

Top Secret
Les 50 plus belles histoires d'espionnage
Yves Bonnet

Marie-Antoinette,
Portrait d'une reine
Philippe de Montjouvent

Les secrets de l'Elysée,
De la Duchesse de Pompadour
à Jacques Chirac
Georges Poisson

Monaco, la saga Grimaldi
Patrick Weber

La Fayette, la passion de la liberté
René Belin

Arts et Culture

Cannes fait son Cinéma
Nathalie Cuman

Le siècle de Dali
Jean-Christophe Argillet

Jules Verne, le poète de la science
Sous la direction de Jean-Paul Dekiss

Coups de foudre
Les 50 plus belles rencontres amoureuses
François-Xavier Gauroy

L'esprit du Vin
Claude Chapuis

Les mille visages de Sartre
Sophie Richardin

Simone de Beauvoir, côté femme
Claudine Monteil

L'Empire des jeux
Les 50 plus belles histoires des jeux vidéo
Vincent Montagnana

Marilyn Monroe,
De l'autre côté du miroir
Bertrand Meyer-Stabley

Johnny Hallyday,
Taillé dans le rock
Jacques Perciot

Polars et films noirs
François Guérif et Claude Mesplède

James Bond,
La saga est éternelle
Guillaume Evin

André Malraux,
Un écrivain au cœur du siècle
Guillaume Belin

James Bond,
La saga est éternelle
Guillaume Evin

Séries cultes,
L'autre Hollywood
Abdessamed Sahali

Sacha Guitry entre en scène
Georges Poisson